So bin ich

WOLF-RÜDIGER HEILMANN

So bin ich

Erinnerungen an eine Kindheit in Rendsburg

»So bin ich« ist der Titel der deutschsprachigen Version des Chansons
»C'est ma vie« des belgischen Sängers Salvatore Adamo.

Bibliografische Information der Deutschen Nationalbibliothek
Die Deutsche Nationalbibliothek verzeichnet diese Publikation in der
Deutschen Nationalbibliografie; detaillierte bibliografische Daten sind
im Internet über http://dnb.d-nb.de abrufbar.

© 2023 Wolf-Rüdiger Heilmann

Umschlagdesign, Satz, Herstellung und Verlag:
BoD – Books on Demand, Norderstedt
ISBN 978-3-7578-3195-0

Für meine beiden süßen Enkelkinder

Merle Philine
und
Sven Laurin.

C'est ma vie
C'est ma vie,
Je n'y peux rien
C'est elle qui m'a choisi
C'est ma vie
C'est pas l'enfer
C'est pas le paradis
(Salvatore Adamo)

Inhalt

1   Prolog

Ich wurde am 27. September 1948 gegen 10:30 Uhr im Hause Alte Kieler Landstraße 72, erster Stock rechts, in Rendsburg geboren. Mein Sternzeichen ist also die Waage.

Meine Eltern waren Wilhelm und Ursula Heilmann, geb. Schröder. Sie bezeichneten mich in der Geburtsanzeige als ihren Stammhalter. Da ihre Ehe bereits 1950 geschieden wurde – ein damals noch recht seltener Vorgang – , hatte ich einiges zu halten und auch auszuhalten.

Mein Vater verschwand aus Rendsburg – ich traf ihn zum ersten Mal 1958 in seiner neuen Heimat in Frankreich –, und so wuchs ich bei meiner Mutter und deren Mutter Alwine Schröder auf. Meine andere Großmutter, Klara Heilmann, wohnte nicht weit entfernt, in der Wilhelmstraße 19, und ich sah sie regelmäßig. Schon im Alter von vier Jahren besuchte ich sie ohne Begleitung einmal wöchentlich, und als Schulkind verbrachte ich meist zwei Wochen während der Sommerferien bei ihr. Auch an Feiertagen wie Ostern und Weihnachten war ich immer für einige Zeit bei ihr (und mit ihr zusammen im Gottesdienst).

Für meine Erziehung war in erster Linie meine Oma Alwine (die so nicht genannt werden wollte – sie war »die« Oma, ohne Zusatz) zuständig. Meine Mutter nahm – jedenfalls, soweit das für mich spürbar oder erkennbar war – auf meine Entwicklung nur einen indirekten Einfluss, zumal sie als Berufstätige – damals ebenfalls ungewöhnlich – tagsüber selten zu Hause war. Sie arbeitete – und das hatte für mich eine kaum zu überschätzende Bedeutung – als Sekretärin bei der Rendsburger Heimatzeitung, der »Tagespost« (von bösen Zungen auch »Tagespest« genannt, später »Schleswig-Holsteinische Landeszeitung«), und zwar überwiegend in der Lokalredaktion. In dem fast familiären

Rahmen des Verlages habe ich mich von klein auf bewegt und wohlgefühlt.

Wenn ich schon früh lesen konnte, mich rasch zu einer »Leseratte« entwickelte, eine starke Affinität für alles Gedruckte – neben Büchern auch Zeitungen und Zeitschriften – hatte, selber gern und viel schrieb, so ist dies auch darauf zurückzuführen, dass ich sozusagen in der Umgebung von Schreibmaschinen, Fernschreibern und Rotationsdruckern aufgewachsen bin.

Noch mehr hat mich aber die strenge Erziehung durch meine Oma Alwine geprägt, die in meiner Grundschulzeit durch die Härte und Rigorosität vieler Lehrer noch verstärkt wurde. Meine Oma Klara dagegen war mir gegenüber meist milde und verständnisvoll. Ihr war es besonders wichtig, mich zu einem gläubigen evangelischen Christen zu erziehen – weniger durch Druck, als durch in ihrem Sinne vorbildhaftes Verhalten. Auch hierdurch wurden meine Kindheit und meine frühe Jugend maßgeblich beeinflusst.

Ich berichte im Folgenden fast ausschließlich über meine ersten etwa zwölf Lebensjahre, die ich, von ganz kurzen Abwesenheiten abgesehen, durchweg in meiner Heimatstadt Rendsburg verbracht habe. Auch dieser Umstand – das behütete Aufwachsen in einer alles in allem intakten, übersichtlichen Kleinstadt ohne allzu heftige Spannungen und allzu massive Probleme – hat mich geformt, obwohl mir im Laufe der Zeit bewusst wurde, dass auch diese Welt keine heile war.

Ich schreibe also außer von mir selber überwiegend über Menschen, die nicht mehr leben, und hoffe, dass ich ihnen nicht Unrecht tue. Diejenigen, die mich später kennengelernt haben, werden sich in diesem Buch nicht finden, können aber prüfen, ob die von mir geschilderte ferne Vergangenheit und die ihnen bekannte Gegenwart ein schlüssiges Gesamtbild ergeben.

2 »Wer holt mich mal 'rüber?«

Die Gegend Alte Kieler Landstraße – Kaiserstraße – Friedrich-Voß-Straße war in den frühen fünfziger Jahren ein fast dörfliches Idyll. Auf den Straßen, die großenteils nicht geteert waren, fuhren kaum Autos, so dass nicht nur die Fußwege, sondern auch die Fahrbahnen als Ersatz für die nicht vorhandenen Spielplätze genutzt werden konnten; dort wurde Kibbel-Kabbel oder Fußball gespielt. Im Winter konnten die Hänge, die von dem Gelände der Wrangel-Kaserne zur »Alten Kieler« hinab führten, als Schlittenbahnen genutzt werden – in meiner frühen Kindheit sogar ohne jede Absicherung. Später standen unten auf der Straße sicherheitshalber »Wachtposten«, die die Startbereiten oben warnten, wenn ein Auto sich näherte.

An der Kreuzung Alte Kieler-Friedrich-Voß-Straße lagen drei Geschäfte – der SPAR-Laden von Günther Taube, die Bäckerei Hoop und eine Filiale der Schlachterei Voßberg, die sich »Vohsberg« schrieb – eine Schreibweise, die mir, als ich lesen konnte, rätselhaft erschien.

Ab dem Alter von ca. drei Jahren wurde ich zum Einkaufen geschickt – ein Fußweg von knapp hundert Metern, bei dem ich allerdings die Friedrich-Voß-Straße überqueren musste. Anfangs traute ich mich nicht, allein über die Straße zu gehen, auch wenn, wie meist, weit und breit kein Auto zu sehen war. Dann rief ich »Wer holt mich mal 'rüber?«, und tatsächlich öffnete sich in der Regel schon bald eine Ladentür und jemand kam, um Wölfchen über die Straße zu führen.

Damals gab es noch keine Plastiktüten, und daher ging ich, wie die meisten Leute, mit einem Netz einkaufen. Der Einkaufszettel wurde um das mitgegebene Geld – Münzen, manchmal auch ein klein gefalteter 5- oder 10-Mark Schein, gewickelt, den ich in die Hosentasche steckte. Manchmal trug ich eine Hose, die keine Taschen hatte, z. B. eine Lederhose. Dann legte ich Zettel und Geld ins Netz, und einmal sind Zettel und Geld durch die Maschen gerutscht, was ich erst bemerkte, als ich bereits im Laden stand und die Bestellung aufgeben wollte. Es muss sich um eine kleine Bestellung und einen geringen Geldbetrag gehandelt haben (vielleicht ging es um Kaffee, der in kleinen Tüten für fünfzig Pfennig gekauft wurde – eine Pfund-Packung wäre Prasserei gewesen, so etwas Wertvolles gab es als Geschenk zum Geburtstag oder zu Weihnachten!), daher fiel die Strafe für meine Schlamperei ungewöhnlich milde aus.

Manchmal gab es »etwas dazu« – beim Schlachter eine Scheibe Wurst, bei SPAR ein Bonbon und bei Bäcker Hoop die sogenanten Schlangen – die Ränder, die bei Plattenkuchen wie Butter- und Streuselkuchen abgeschnitten wurden. Manchmal konnte ich der Versuchung nicht widerstehen und musste sofort in die frisch gebackenen »Schlangen« beißen, was bei größeren Kindern, die das sahen, Neid und Begehrlichkeiten hervorrief. Ich weiß nicht mehr, wie ich damit umgegangen bin, jedenfalls provozierte der »Welpenschutz«, der mir beim Einkaufen zuteil wurde, Sanktionen von Seiten der Großen, z. B. bei Ingo G., der im gleichen Haus wohnte. Unter Ausnutzung meiner kindlichen Gutgläubigkeit erzählte er mir einmal, dass es bei SPAR etwas umsonst gäbe – man müsste nur hingehen und um eine Tüte »Haumiblau« bitten. Ich ging tatsächlich in den Laden, weiß aber leider nicht mehr, wie die Geschichte weiterging – ob man mir ganz ernsthaft sagte, so etwas gäbe es nicht, oder es sei gerade ausverkauft, ob man sich ärgerte und mir den Ärger zeigte oder ob man mir ein Bonbon gab als »Haumiblau«-Placebo.

Ingo G. gab auch beim Fußballspielen den Ton an, an dem ich mich ab dem Alter vier oder fünf beteiligen durfte. Nach dem »Wunder von Bern« im Juli 1954, von dem ich nichts mitbekommen hatte, gab es einen Wettbewerb darum, wer welchen Namen der »Helden« tragen durfte. Ingo beanspruchte selbstverständlich, Fritz Walter zu sein, andere waren Helmut Rahn, und irgendwann wurde mir zugestanden, Toni Turek zu sein, eine kleine, mir nicht bewusste Bosheit, denn als der Kleinste stand ich ja nie im Tor.

Ich erinnere mich noch an eine Schrecksekunde bei einer meiner Einkaufsaktionen, als ich schon sehr früh unterwegs war, um Brötchen zu kaufen: An der Stelle, an der ich die Friedrich-Voß-Straße überquerte, lag auf dem Bürgersteig ein Kasten und im Rinnstein daneben – ein lebloser Mann. Ich weiß nicht mehr, wie ich bei diesem Anblick reagierte – wandte ich mich ab, lief ich ein Stückchen zurück, rief ich irgendwen zur Hilfe? Jedenfalls war zum Glück bald ein Erwachsener bei mir, der auch sofort erkannte, was hier vorlag: In dem Haus an der Ecke Alte Kieler-Friedrich-Voß-Straße wohnte eine Familie W. Großvater W. war Musiker – er spielte irgendein Blasinstrument und kam meist sehr spät von seinen Engagements nach Hause, oft in angeheitertem Zustand. Und an diesem frühen Morgen hatte er es gerade noch bis vor sein Haus geschafft, war aber dann auf der Straße neben seinem Instrument eingeschlafen.

Ich war also durchaus nicht der einzige, der von dem schwachen Verkehrsaufkommen in der damaligen Zeit profitierte.

3   Der Garten meines Großvaters

Mein Großvater mütterlicherseits, Wilhelm Friedrich Johann Schröder – wie mein Vater kurz »Willy« gerufen –, stammte aus Hagenow in Mecklenburg. (Meine Wurzeln sind also recht vielfältig: der Großvater väterlicherseits unbekannt, angeblich aus dem Rheinland stammend, die Großmutter väterlicherseits aus Thüringen, der Vater in Schlesien aufgewachsen, die Großmutter mütterlicherseits aus Schleswig Holstein, deren Mutter Anna Alma Wilhelmine Fietz, geborene Stolley, vermutlich aus Pommern.) Willy Schröders Geburtstag war der 21. September 1884.

Aus seiner ersten Ehe (seine Frau starb früh) stammte die Tochter Elvira, die später in Hamburg mit Eduard K. verheiratet war und eine Tochter namens Ingrid hatte. Warum er nach Rendsburg zog, weiß ich nicht – vermutlich hatte es berufliche Gründe. Er heiratete dort die wesentlich jüngere Alwine Hermine Fietz, geboren am 11. Februar 1899. Aus dieser Ehe ging meine Mutter Ursula, geboren am 2. Mai 1925, hervor.

Wilhelm Schröder war Polizeihauptwachtmeister (damals eine recht angesehene Position – so sehr, dass dieser Rang sogar auf dem Grabstein stand). Er starb bereits am 7. März 1939 an den Folgen einer Krankheit und hinterließ eine vierzigjährige Witwe und eine fünfzehnjährige Tochter, die, weil das Schulgeld nicht mehr aufgebracht werden konnte, sofort die Mittelschule verlassen musste. Er war, so deute ich manche Aussagen meiner Oma, kein Anhänger des Nationalsozialismus und hätte vermutlich, wenn er länger gelebt hätte, in seiner Position ernsthafte Probleme bekommen.

Die Witwenpension meiner Oma war anfangs so niedrig, dass sie in den schlimmsten Notzeiten des Zweiten Weltkriegs in Ermangelung von anderem Heizmaterial einen Teil des Mobiliars und sogar einige Bücher verbrennen musste. Einen »Reichtum« hatte mein Großvater allerdings hinterlassen: seinen großen Garten. Dieser umfasste Spargel- und Erdbeerbeete und viele Obstbäume, vor allem Äpfel, auch Quitten. Von diesem Segen habe auch ich noch profitiert: Eins der wenigen Fotos aus meinem dritten oder vierten Lebensjahr zeigt mich beim Einsammeln der Äpfel. [Anders als viele andere Kinder aß ich auch gern Spargel – eine Vorliebe, die sich bis heute erhalten hat und der ich an verschiedenen Wohnsitzen (Karlsruhe – Schwetzinger Spargel, München – Spargel aus Abensberg und Schrobenhausen, Berlin – Beelitzer Spargel) ausgiebig frönen konnte.]

Meine Oma hat sich von dem frühen Tod ihres Mannes nie richtig erholt. Ein zweites großes Unglück traf sie, als sie 1955 die Wohnung in der Alten Kieler Landstraße, in der sie seit 1930 – also auch noch zusammen mit ihrem Mann – gelebt hatte, verlassen musste.

4 Oma Klara

Klara Ella Ottilie Drawer wurde am 26. Januar 1887 in Tschirnau, Kreis Guhrau, in Schlesien, von 1937 bis 1945 »Lesten« (weil »Tschirnau« zu slawisch klang), heute Czernina (Góra), geboren. Zu dieser Zeit hatte der Ort knapp 800 Einwohner.

Sie heiratete 1911 den, wie es im Familienstammbuch heißt, Wurstfabrikanten Ernst Max Heilmann, geboren 1882, aus Guhrau. Da die Ehe kinderlos blieb, adoptierten sie 1926 den damals sechsjährigen Wilhelm Fries aus einem Waisenhaus in Arnstadt in Thüringen, meinen Vater. (Ich habe nie erfahren – habe aber als Kind auch nie danach gefragt –, warum ein Ehepaar in Schlesien ein Kind aus Thüringen adoptiert hat.)

Guhrau hatte damals etwa 5.000 Einwohner, Góra heute etwa 13.000. Die Schlachterei und Wurstfabrik der Familie Heilmann war wohl die größte am Ort. Max Heilmann starb bereits 1933 im Alter von 51 Jahren, seine Ehefrau musste danach den Sohn alleine großziehen und die Schlachterei selbstständig führen.

Über die letzten Kriegsjahre und die Umstände ihrer Flucht hat sie nie gesprochen. Die Stadt Guhrau wurde am 23. Januar 1945 von der Roten Armee besetzt. Oma Klara floh nach Rendsburg, wo ihr Sohn im Lazarett lag und wo seine Verlobte Ursula Schröder lebte. Die Eheschließung erfolgte 1946, 1948 wurde ich geboren, 1950 wurde die Ehe geschieden.

Oma Klara erhielt eine Kriegsschadenrente nach dem Lastenausgleichsgesetz, die, soweit ich dies einschätzen konnte, noch niedriger war als die Witwenpension meiner Oma Alwine, deren Ehemann, Polizeihauptwachtmeister Wilhelm Schröder, im Alter von 54 Jahren verstorben war. Diese Pension betrug wohl etwas mehr als 300 Mark.

Der Verlust der Heimat und die Hoffnung, irgendwann

nach Schlesien zurückkehren zu können, bestimmten das Denken meiner Oma bis in die sechziger Jahre hinein. Sie reiste in der ersten Zeit zu den alle zwei Jahre veranstalteten »Deutschlandtreffen« der Schlesier, die bis 1969 fünfmal in Hannover stattfanden. In Rendsburg hatte sie mehrere Bekannte und Freunde, die aus ihrer schlesischen Umgebung stammten. Es ist bezeichnend dafür, wie ausgeprägt ihre Heimatliebe und zugleich ihr Einfluss auf mich war, dass ich einige Strophen des Riesengebirgsliedes (»Blaue Berge, grüne Täler«) auswendig singen konnte, während das »Schleswig-Holstein meerumschlungen, deutscher Sitte hohe Wacht!« mir eher fremd war. (Besonders fremd war mir als Kind das Wort »stammverwandt« – als ich es zum ersten Mal hörte, deutete ich die Zeile wirklich als »Schleswig-Holstein Stampferwand«.)

Zu ihren Gewohnheiten gehörte es, am Samstag kurz vor den 19-Uhr-Nachrichten das Radio anzuschalten – dann gab es für einige Minuten die Sendung »Die Glocken läuten den Sonntag ein«. Besonders wichtig waren ihr dabei die Glocken von Kirchen und Kathedralen, die jenseits des Eisernen Vorhangs standen oder gestanden hatten – etwa der Dom zu Magdeburg, die Dresdner Frauenkirche und, absoluter Höhepunkt, der Breslauer Dom.

Ihre Geburtstage feierte Oma Klara, ungeachtet ihrer winzigen Wohnung in der Wilhelmstraße 19 (Wohnküche und ein Zimmer mit einer Couch, die abends zum Bett umgebaut wurde), mit etwa so vielen Freunden und Bekannten, wie es Sitzgelegenheiten gab. Ich wurde dann regelmäßig zum Singen aufgefordert, wobei die Auswahl der Stücke mir überlassen blieb. Und ich wusste ja, was bei Oma Klaras Gästen ankam: natürlich das Riesengebirgslied, aber auch »Bei mir zu Haus, da blüht ein wunderschöner Garten«, »Man müsste noch mal zwanzig sein« und ähnliches Liedgut der fünfziger Jahre.

Einmal sorgte ich mit meinem Vortrag für einen kleinen Eklat, für den aber mehr der Zufall als böser Wille verantwortlich war. Anwesend waren »Onkel« August Kunert, der auch aus Guhrau stammte und den ich besonders gern mochte, und Tante Louise (wirklich eine Tante, nämlich die zweite Ehefrau von Walter Schönau, der in erster Ehe mit der verstorbenen Schwester Wilhelmine meiner Oma Alwine verheiratet gewesen war). Tante Louise kam, wie meistens, als letzte, und setzte sich, ohne ihren Mantel und ihren Hut abzulegen, auf einen noch freien Stuhl. Ich wunderte mich darüber, es war aber durchaus nicht unüblich, dass Frauen bei kurzen Besuchen in der Wohnung ihren Hut aufbehielten.

Zu der Zeit gab es einen Schlager, der mir zu dieser Situation zu passen schien und den ich nun mit Blick auf Tante Louise zum Besten gab: »Nimm die Mütze ab, Du bist hier nicht zu Hause, zieh den Mantel aus und setz Dich ruhig hin!« Tante Louise war empört, aber ihre Verärgerung richtete sich nicht gegen mich, sondern gegen Onkel Kunert (den sie, was ich nicht wusste, verdächtigte, Sympathien für die Sozialdemokratie zu hegen). Sie hatte mich zuvor in dessen Nähe gesehen und schloss daraus, dass er mich dazu animiert hatte, dieses Spottlied zu singen. Irgendwie gelang es meiner Oma dank ihrer Autorität, die festliche Geburtstagsstimmung wieder herzustellen.

Neben der Treue zu ihrer schlesischen Heimat war der christliche Glaube ein bestimmender Faktor im Leben von Oma Klara. Sie ging jeden Sonntag (an christlichen Feiertagen sowieso) in die Kirche, obwohl der Weg zur Marienkirche mehr als zwei Kilometer betrug, und hielt mich schon früh – ich war erst sechs Jahre alt – dazu an, in den Kindergottesdienst zu gehen. Wie in manchen Dingen, so hatte sie auch bei ihren Kirchgängen eine kleine Marotte: In Guhrau war sie offenbar eine so wichtige Persönlichkeit gewesen, dass für sie in der Kirche ein fester Platz reserviert war. Dieses Privileg genoss sie in der Marienkirche in Rendsburg natürlich nicht, aber sie setzte sich nach Möglichkeit immer auf denselben Platz, links vom Gang in einer der vorderen Reihen.

Sie konnte hervorragend stricken und hat für mich im Laufe der Jahre unzählige Pullover, Westover (heute sagt man Pollunder) und Strickjacken angefertigt. Ihre kärgliche Rente besserte sie ein wenig auf, indem sie für ein recht vornehmes älteres Fräulein (Martha D.), das allein in einer Villa gegenüber wohnte und stark gehbehindert war, allerlei Besorgungen erledigte.

Wenn sie mir – außer den Stricksachen – etwas schenkte, war ihr nur das Beste gut genug: Schuhe mussten von der Marke »Elefanten« sein, von Bleyle die kurzen Hosen, die sie bei Köster im Stegen kaufte, und meine Karl-May-Bücher durften nur die teuren Originale aus dem Karl-May-Verlag sein (7,50 Mark), nicht die Taschenbücher (3,95 Mark) aus dem Ueberreuter-Verlag. Von ihr bekam ich zum siebten Geburtstag das heiß begehrte Tipp-Kick-Spiel und später meine erste LP von den Beatles (»Help« zu meinem siebzehnten Geburtstag).

Während Oma Alwine eher für derbe Kost stand (absoluter Tiefpunkt: Buchweizengrütze von der Konsistenz eines Betonklotzes), lernte ich bei Oma Klara die feine schlesische Küchen kennen. Und auch bei Lebensmitteln ging sie keine Kompromisse ein: Wiener Würstchen mussten von der Schlachterei Heitmann, Brötchen von der Bäckerei Denser (beide in der Königstraße) sein, und sie leistete sich auch das damals sündhaft teure Leinöl der Firma Schneekoppe, das es nur im Reformhaus gab. (Die rustikalen Gerichte meiner Oma Alwine standen aber doch deutlich über dem, was böse Zungen über die norddeutsche Küche behaupteten: »Verbrannt, versalzen und von gestern«.)

Oma Klara scheute auch weder Kosten noch Mühen, wenn

es um das Fotografieren von wichtigen Ereignissen oder um ihre Passfotos ging: Ob zu meiner Einschulung oder zu meiner Konfirmation, ob ich mit Lederhose, Trachtenjacke und Tirolerhut neu eingekleidet wurde – die Fotos dazu wurden im Fotostudio Bollmann, gelegen an der kleinen Gasse zwischen Schiffbrückenplatz und Schlossplatz, angefertigt. Das war ein Familienbetrieb mit Vater, Mutter und einer Tochter, die aussah wie eine etwas jüngere Ausgabe ihrer Mutter. Die Ausstattung erweckte den Eindruck, als wäre damit schon zu Kaiser Wilhelms Zeiten fotografiert worden, und für die Aufnahmen kroch Vater Bollmann unter ein Tuch, das an der mächtigen Kamera befestigt war. Aber die Fotos fielen stets zur Zufriedenheit meiner Oma aus. (Das andere größere Fotostudio in Rendsburg war Foto-Wagner im Stegen.)

Neben den Fotos von Wölfchen, angeordnet in einer Collage, hing nur eine einzige andere Fotografie in Oma Klaras Wohnung an der Wand, und die zeigte nicht, wie man hätte erwarten können und wie es bei Oma Alwine war, ihren verstorbenen Mann, sondern ihren Bruder Oskar Drawer. Der war Soldat in Afrika gewesen und zeigte sich als Kamelreiter. Und es gab noch einen weiteren nahen Verwandten, meinen Großonkel Walter Schönau, der nicht nur sehnsuchtsvoll an die ehemaligen deutschen Kolonien in Afrika zurückdachte, sondern auch ein so großer Verehrer von Wilhelm II. war, dass er ihm äußerlich zu ähneln versuchte, was zumindest beim gezwirbelten Schnauzbart einigermaßen gelang. Es war vielleicht ganz gut, dass ich viel zu klein war, um mit Oma Klara oder gar mit Onkel Walter Diskussionen über die Kolonialpolitik des Deutschen Reiches (und mancher anderer europäischer Mächte) zu führen.

Oma Klara war die einzige Erwachsene, die regelmäßig mit mir spielte: Kartenspiele wie »Bauer, leg an«, Rommé oder Canasta (jeweils mit einem Deutschen Blatt mit Eichel, Grün,

Rot und Schellen), das Hütchen- und das Angelspiel und auch »Stadt, Land, Fluss«. Manchmal kam die kleine Tochter der Nachbarfamilie Mix, um mitzuspielen.

Ich kann mich nicht erinnern, dass es jemals zu einer ernsthaften Verstimmung zwischen uns gekommen ist. Wenn aus ihrer Sicht die Gefahr bestand, dass ich etwas Ungeziemendes tat oder sagte, ermahnte sie mich mit den Worten »Wölfchen, beherrsche dich!«

Sicherlich hat sie sich gewünscht, dass aus mir einmal ein »forscher Mann« werden würde – das war aus ihrem Mund das höchste Lob für ein erwachsenes männliches Wesen. Als sie 1969 an den Folgen eines Schlaganfalls starb, habe ich diesem Idealbild sicherlich nicht entsprochen. Ich hoffe aber, dass sie mit ihrem Enkel, dem sie soviel Gutes gegeben hatte, trotzdem einigermaßen zufrieden war.

5   Mein Spielkamerad Rudolf Förster

Schon als Vierjähriger habe ich an einem Casting teilgenommen – allerdings ohne es zu wissen und auch nicht, um in einem Film mitzuwirken.

In der Alten Kieler 56, einer schönen Villa mit großer Garage und einem Park an der Rückseite, lebte die Familie Förster – Vater Hans Förster war Besitzer (oder Pächter) von mehreren BP-Tankstellen im Raum Rendsburg und zugleich Mitglied des Senats der Stadt Rendsburg, Aenne seine zweite Ehefrau, Dieter sein Sohn aus erster Ehe und Rudolf der zweijährige Sohn von Aenne und Hans. Ihren Haushalt führte eine junge Frau namens Ulla Klitzke, die aus einer ursprünglich Berliner Familie stammte, die nun in Schülp ansässig war. Frau Förster suchte nach einem Spielkameraden für ihren Sohn, der in der Nähe ihres Hauses wohnte und etwa zwei Jahre älter als Rudolf war.

Dass ich das Ergebnis dieses Suchprozesses war, habe ich erst später und durch Zufall erfahren. Ich weiß auch nicht, wie er im Detail vonstatten ging und was die ausschlaggebenden Kriterien waren, aber er war doch in dem Sinne erfolgreich, dass Rudolf und ich Spielkameraden wurden und blieben, bis ich zwei Jahre später in die Bismarckstraße zog. Nach meiner Erinnerung haben wir uns nie gezankt und hatten auch nie einen anderen Grund, unsere Kameradschaft zu beenden.

Bei Försters war so gut wie alles größer, besser und schöner als bei mir zu Hause: das große Gebäude, die vielen, reich ausgestatteten Räume, Kühlschrank, Waschmaschine, modernes Badezimmer, das viele Spielzeug und die schönen Bücher, die Rudolf hatte, natürlich das tolle Auto – ein Opel Kapitän – und der große Park mit Veranda, einem kleinen Teich mit Fröschen und Goldfischen.

Wir spielten meist im Park und in Rudolfs Kinderzimmer, und manchmal nahm uns Frau Förster mit, wenn sie mit dem Wagen etwas erledigen wollte. Der rückseitige Ausgang des Parks führte über die kaum befahrene Straße An der Aalkate und ein unbebautes Gelände bis zu der Försterschen BP-Tankstelle an der Straße Am Kreishafen. Dort gab es für Kinder immer etwas Interessantes zu beobachten, so dass wir des Öfteren dorthin gingen; Rudolf genoss als Sohn des Chefs immer besondere Aufmerksamkeit.

Bei ihm lernte ich die »Mecki«-Bücher kennen, die in den Jahren darauf meine bevorzugte Lektüre sein würden. Rudolf besaß das Buch »Mecki im Schlaraffenland«, und ich wünschte mir zum nächsten Anlass »Mecki bei den sieben Zwergen«. Später bekam ich »Mecki bei den Indianern«, lange mein Lieblingsbuch, in dem einige schamlose Anleihen bei Karl May gemacht wurden, was ich damals natürlich noch nicht erkennen konnte.

Rudolfs wesentlich älterer Halbbruder Dieter war früh an Kinderlähmung erkrankt und infolgedessen stark gehbehindert. Ich weiß nicht, ob diese Behinderung oder die familiäre Konstellation ihn verbittert hatte – auf mich wirkte er stets mürrisch und unzufrieden. Mich irritierte auch, dass er seine Stiefmutter mit ihrem Vornamen »Aenne« ansprach – das passte nicht in mein hierarchisch geprägtes Weltbild.

Obwohl ihr burschikoser Ton mich manchmal etwas irritierte, hatte ich ein gutes Verhältnis zu Ulla Klitzke. Für ihre Ansprüche war ich wohl ein hinreichend »braver« Junge, der ihr bei der Betreuung von Rudolf ein wenig Arbeit abnahm.

Ich erinnere mich an zwei Krisen in den gut zwei Jahren dieser intensiven Kameradschaft, deren erste nur ich selber verspürt habe: Wir spielten in Rudolfs Kinderzimmer im ersten Stock, und ich wollte auf die Toilette gehen, die zum Badezimmer im gleichen Stockwerk gehörte. Die Tür war wie üblich zu, und als ich näher kam, vernahm ich ein Rauschen wie von einem Wasserhahn. Ich öffnete die Tür, die nicht verschlossen war, und erblickte Frau Förster, die in der Badewanne stand und sich offenbar abduschte. Da ihr Kopf abgewandt war, bemerkte sie mich vermutlich nicht. Aber ich war darüber, dass ich zum ersten Mal in meinem Leben einen nackten erwachsenen Menschen gesehen hatte, derart erschrocken, dass ich, ohne mich von Rudolf oder einer anderen Person zu verabschieden, aus dem Haus stürmte und nach Hause lief.

Mehrere Tage ließ ich mich, ganz ungewohnt, nicht mehr bei Försters blicken, und als ich zum ersten Mal wieder an der Haustür klingelte, befürchtete ich, eine verärgerte Frau Förster anzutreffen. Aber meine schwere Sünde – so empfand ich es, auch wenn keine Absicht vorlag – hatte keinerlei Folgen.

Dafür gab ich Frau Förster Anlass zur Verärgerung, als Rudolf und ich wie so oft bei der Gartenpflege mithalfen, harkten, fegten, und Abfall einsammelten, während Frau Förster einige Büsche beschnitt. Als sie das Telefon im Haus klingeln hörte, gab sie mir die Gartenschere – vermutlich, damit Rudolf sie nicht nehmen sollte. Ich fühlte mich aber aufgefordert, mit ihrer Arbeit fortzufahren, und schnitt bei einigen der Büsche die Zweige ab. Als Frau Förster zurückkam, war sie über das Ergebnis meiner gärtnerischen Tätigkeit einigermaßen entsetzt und gab mir dies auch zu verstehen. Ich hatte große Angst, dass dies das Ende meiner Freundschaft mit dem Hause Förster sein würde oder dass sie sich zumindest bei meiner Mutter oder meiner Oma über mich beschweren würde, aber nichts dergleichen geschah.

Eine der schönsten Erinnerungen aus der Zeit mit Rudolf ist ein Ostereiersuchen im Gerhardshain. Wir fuhren an einem der Ostertage mit Ulla Klitzke dorthin, und während diese uns ablenkte, versteckte Frau Förster Ostereier in den umliegenden Gebüschen. Bei mir war der Glaube an den

Weihnachtsmann und den Osterhasen noch nicht ganz verblasst, und für Rudolf war vollends klar, dass nur der Osterhase die Eier dort versteckt haben konnte.

Als wir in die Bismarckstraße zogen und ich kurz darauf eingeschult wurde, ließen meine Kontakte zu Rudolf naturgemäß stark nach. Zu meinem siebten Geburtstag habe ich ihn noch eingeladen, aber statt seiner kam nur Frau Förster vorbei, die Rudolfs Fernbleiben entschuldigte und mir ein Buch mit einer sehr freundlichen Widmung schenkte. (Es handelte sich um die Reiseerzählung von Heinz Helfgen »Ich radle um die Welt«.)

Ich war aber weiterhin im Hause Förster willkommen. Davon profitierte ich besonders bei den damals alljährlich in Rendsburg stattfindenden Radrennen, die über einen Rundkurs Am Kreishafen, Friedrich-Voß-Straße, Alte Kieler und Kreishafenstraße führten, der wegen des Kopfsteinpflasters und der Schienen der Kreishafenbahn besonders tückisch war. Man hatte nämlich bei der Försterschen Tankstelle am Kreishafen eine Art Logenplatz, und wir Kinder wurden dort auch noch mit süßen Getränken und Knabbereien versorgt. Es nahm sogar ein Nachbar aus der Bismarckstraße, Klaus Runge, an dem Wettbewerb teil, der aber jedesmal im Verlauf des Rennens aufgab. Seriensieger war ein Fahrer aus Eckernförde mit Namen Tau. Dieser fiel schon vor dem Start durch eine merkwürdige Brille auf, die an eine Tauchermaske erinnerte. Später musste ich beim Lesen von Wolfgang Borcherts »Draußen vor der Tür« bei Beckmanns Gasmaskenbrille immer an den Rennfahrer Tau denken.

6 Der kleine Rebell

Als ich etwa vier Jahre alt war, kamen in der Familie Überlegungen auf, ob ich nicht in einen Kindergarten gehen sollte. Besonders Oma Klara – die aber nur einen begrenzten Einfluss hatte – forcierte das Thema und fasste auch schon einen kirchlichen Kindergarten in der Materialhofstraße ins Auge. Dieser hatte den großen Vorteil, dass er praktisch auf dem Arbeitsweg meiner Mutter lag – sie musste nur einen kleinen Schlenker von der Herrenstraße in die Materialhofstraße machen, um mich hinzubringen oder abzuholen, außerdem konnte ich den Weg auch allein absolvieren, denn ich kannte mich ja aus, und der Autoverkehr auf der Alten Kieler, der Kaiser-, Herren- und Materialhofstraße war damals noch sehr schwach.

Ich war von diesen Plänen überhaupt nicht begeistert, und Oma Alwine, mit der ich ja die meiste Zeit verbrachte, leistete ebenfalls Widerstand – sie empfand dieses Vorhaben als Ausdruck des Misstrauens gegen sich, die Qualität ihrer Betreuung und die Art ihrer Erziehung. Doch am Ende überwog das Argument, dass es mir als Einzelkind nur guttun konnte, wenn ich regelmäßig mit anderen Kindern zusammen war und mich in die Gruppe einfügen musste.

Ich weiß nicht mehr, wie lange ich täglich im Kindergarten verbringen sollte, aber ich vermute, dass meine Mutter mich regelmäßig auf dem Weg zur Arbeit hinbringen und auf dem Weg zur Mittagspause, die sie wie die meisten Berufstätigen damals zu Hause verbrachte, wieder abholen sollte. (Ganztagsbetreuung gab es damals noch nicht.) Aber diese Regelmäßigkeit trat gar nicht erst ein.

Schon die Begrüßung durch die Kindergärtnerinnen, darunter auch Diakonissinnen, war nicht besonders freundlich, das Ambiente wenig einladend – mich störte vor allem der abgenutzte, teilweise schadhafte Linoleumfußboden, der intensiv nach einem herben Pflegemittel roch –, und die Kinder, die ich alle nicht kannte, machten auf mich einen abweisenden Eindruck (aber konnte ich erwarten, dass sie mich herzlich begrüßen und spontan in ihren Kreis aufnehmen würden?).

Es sollte bald Frühstück geben – die Kinder setzten sich also auf kleine Hocker an niedrigen Tischen und warteten auf Speis und Trank. Der Trank kam als erstes – und er bewirkte dann auch schon das Ende meiner kurzen Kindergartenkarriere: Vor jedes Kind wurde ein Metallbecher gestellt, und dann brachten die Betreuerinnen warme Milch in großen Kannen. Als die Milch mit Stücken der Haut, die sich in der Kanne gebildet hatte, in meinen Becher gegossen wurde, war mir endgültig klar, dass ich dies Martyrium so schnell wie möglich beenden musste. Ich schlich mich zum Ausgang – die Kindergärtnerinnen waren ja alle beschäftigt –, öffnete die (zum Glück nicht abgesperrte) Tür ins Freie und machte mich auf den Heimweg.

In einem anderen Fall von Aufsässigkeit hätte ich den Zorn meiner Oma gefürchtet – aber in diesem Fall wusste ich mich auf der sicheren Seite, denn ich vollzog ja nur, was ihr ohnehin lieber war. Ich weiß nicht mehr, wie meine Mutter von meinem Verschwinden aus dem Kindergarten erfuhr – wurde sie benachrichtigt, bemerkte sie es, als sie mich mittags abholen wollte, oder traf sie mich zu ihrer großen Überraschung zu Hause an? Ich erinnere nur, dass das Projekt Kindergarten ohne große Umstände ad acta gelegt wurde.

Eigentlich hätte mich diese gelungene Rebellion ermutigen können, auch in anderen Situationen Widerstand zu leisten. Aber ich entschied mich dann doch, lieber wieder das brave Wölfchen zu sein.

7   Ganz großes Kino

Im Haus nebenan, in der Alten Kieler 70, wohnte die Familie Fietz – Gustav und Lotte mit Tochter Brigitte. Eine zweite Tochter, Hannelore, war schon als kleines Mädchen gestorben – eine Tragödie, über deren Hintergründe manchmal gemunkelt wurde, ohne dass ich verstand, worum es dabei ging.

Onkel Gustav war der jüngste Bruder meiner Oma Alwine – er war so viel, nämlich 18 Jahre, jünger als sie, dass er nicht als mein Großonkel und seine Tochter Brigitte nicht als meine Tante, sondern als meine Cousine erschien. Er hatte einen »Sandkastenfreund« namens Egon Overbeck gehabt, und diese Freundschaft war so eng gewesen, dass die beiden als »Bubi Fietz und »Buba (?) Overbeck« bekannt waren – und das, obwohl sie ganz unterschiedlichen Schichten angehörten: Gustav war das sechste Kind eines Maurers (meines Urgroßvaters), Egon das Kind eines Reichsbahninspektors. Und aus diesem Grund trennten sich ihre Wege schon während der Schulzeit: Gustav besuchte die Volksschule, machte dann eine Schlosserlehre und wurde schließlich Schlossermeister in der Ahlmann-Carlshütte in Büdelsdorf, Egon Overbeck ging aufs Gymnasium, wurde Offizier, brachte es im Zweiten Weltkrieg bis zum Generalstabsoffizier und wurde schließlich mächtiger und einflussreicher Vorstandsvorsitzender der Mannesmann-AG.

Ich glaube nicht, dass mein Onkel Gustav, der eher ein weicher, empfindsamer Typ war, es bis zum General oder Generaldirektor gebracht hätte, wenn er aus »besserem« Hause gewesen wäre, aber es ist doch bezeichnend, wie unterschiedlich sich die beiden entwickelt haben, die als Kinder jahrelang unzertrennlich und »ein Herz und eine Seele« gewesen waren.

Auf alle Fälle war Onkel Gustav in meiner Kindheit und Jugend für mich die wichtigste und liebste männliche Bezugsperson und seine Tochter Brigitte das einzige Mädchen, mit dem ich in dieser Zeit etwas zu tun hatte – hätte es sie nicht gegeben, hätte ich mich bis zur Tanzstunde nie mit einem etwa gleichaltrigen weiblichen Wesen abgegeben. Sie nannte mich Wölfi, während alle anderen mich zunächst Bübchen, dann Wölfchen und schließlich Wolf oder Rüdiger nannten. (Auf dem Gymnasium wurden wir von den meisten Lehrern mit Nachnamen angeredet. Der Studienrat Günther G., der mich mehrere Jahre in Religion und Französisch unterrichtete, nannte mich konsequent »Heinzmann«, und erst Dr. Edward Hoop (»Eddy«), mein hochgeschätzter Klassenlehrer von der Obertertia bis zur Oberprima, redete mich mit dem ganzen Vornamen Wolf-Rüdiger an.

In Rendsburg gab es zu dieser Zeit vier Kinos – Elektra, Germania, Schauburg und Tonhalle, dazu in Büdelsdorf das Capitol. Mit der Bebauung des Thormann-Platzes entstand dort ein weiteres Kino, das aber später wieder geschlossen wurde. Das Germania gibt es meines Wissens nicht mehr, die drei anderen Rendsburger Kinos aber existieren noch. Inhaber oder Geschäftsführer des Germania war ein Herr Struckmeier, in meiner Erinnerung von hünenhafter Gestalt, den ich manchmal im Büro meiner Mutter traf, wenn er darum warb, dass neben einer Anzeige eines neuen Films auch ein Artikel dazu auf der Lokalseite erscheinen sollte.

Im Sommer 1954 gab es einen neuen Film in schwarz-weiß nach einem Roman von Johanna Spyri, das Rosen-Resli. Durch diesen Film wurde Christine Kaufmann, damals noch als Kinderstar, bekannt. Die Rolle des Gärtners Jakob spielte der berühmte Schauspieler Otto Gebühr, dessen Paraderolle der Alte Fritz war, den er in nicht weniger als zwölf Filmen dargestellt hatte. Der Eintritt für Kinder betrug 60 Pfennige. (Es sei denn, man erstand die Karte im Vorverkauf bei Eildienst Reckow – das war ein Unternehmen für Kleintransporte in der Herrenstraße unweit des Bahnhofs, das eine Marktlücke entdeckt hatte und sich zu einer Art Vorläufer zu Unternehmen wie Eventim mauserte. Dort kostete die Karte 65 Pfennige.)

Brigitte bot an, mit mir in diesen Film zu gehen. Das Germania lag in der Prinzessinstraße, also in Gehweite von zu Hause, und ich war gespannt und aufgeregt vor diesem ersten Kinobesuch. Der Film gefiel mir, abgesehen davon, dass mir das Resli bald furchtbar auf die Nerven ging mit ihrem ewigen Gerede von und mit ihrer »S-sorgenmutter«. Das wurde jedoch wettgemacht durch die dramatische Szene, in der das Resli auf der Suche nach einem wilden Rosenstrauch in einen Teich fiel und beinahe ertrank.

Auf dem Nachhauseweg gerieten Brigitte und ich in einen Streit darüber, was in der allerletzten Szene passierte, als der Vorhang schon fiel. Ich erinnerte mich nur daran, dass das Gesicht von Jakob gezeigt wurde, während Brigitte darauf beharrte, dass Otto Gebühr dabei bittere Tränen vergoss. Die Sache blieb offen, aber was wir beide nicht wussten: Dies war der letzte Film von Otto Gebühr, der schon während der Dreharbeiten in Wiesbaden an einem Herzinfarkt gestorben war.

Es verging fast ein Jahr, bis Brigitte und ich ein zweites Mal zusammen ins Kino gingen, wieder ins Germania. Diesmal sahen wir den Farbfilm »Sissi« mit Romy Schneider und Karlheinz Böhm in den Hauptrollen. Ich habe an diesen Film keine großen Erinnerungen – Charakterisierungen wie kitschig oder schmalzig standen mir damals noch nicht zur Verfügung. Ich weiß nur noch, dass in diesem Film fast alle Darsteller ein ähnliches, mir fremdes Deutsch sprachen, so wie das Rosenresli, und dass ich den Eindruck mitnahm, dass ferne Länder wie Bayern und Österreich irgendwie ähnlich, wenn nicht sogar identisch waren.

Nur wenig später ging ich zum ersten Mal allein ins Germania – es lief der Film »Der braune Bomber«, Originaltitel »The Joe Louis Story«, eine Filmbiographie – heute sagt man Biopic – über einen der besten Schwergewichtsboxer aller Zeiten, der in Deutschland vor allem wegen seiner beiden Kämpfe gegen Max Schmeling bekannt war (der deutsche Titel wäre natürlich heute völlig undenkbar). Aus diesem Film erinnere ich vor allem eine Szene: Der junge Joe war in einem Boxinternat. Sein Trainer sagte ihm, dass es nicht allein darauf ankäme, harte Schläge auszuteilen – er müsste auch schnell schlagen und auf die Schläge des Gegners reagieren. Wenn er eine Fliege mit der Hand fangen könne, sei das ein Nachweis für seine Schnelligkeit. Dann wurde gezeigt, wie der Junge nachts im Bett lag und beim Licht der Nachttischlampe darauf wartete, dass eine Fliege auftauchte. Als dann tatsächlich eine kam, griff er mehrmals vergeblich nach ihr, bis er sie schließlich doch erwischte. Am nächsten Morgen ging er als erstes zu seinem Trainer, hielt ihm seine Faust entgegen und öffnete sie dann langsam. Der Trainer sah die tote Fliege und schaute seinen Schützling anerkennend an. (Vielleicht klopfte er ihm auch auf die Schulter, aber das erinnere ich nicht mehr.)

Manchmal, wenn ich in meiner Jugend ein Ziel erreichen wollte, habe ich mich an die Beharrlichkeit und Ausdauer des jungen Joe Louis erinnert.

8 Zwei folgenschwere Stürze und ein folgenloser schwerer Verlust

Ich war etwa zwei Jahre alt, als meine Oma Heilmann eines Tages zu uns in die Alte Kieler kam. Ich weiß nicht, ob die andere Oma ihre Ankunft schon vom Fenster aus beobachtet hatte oder ob ich aus freien Stücken vor die Wohnungstür ging, um den Besuch dort zu erwarten – jedenfalls bin ich, als die Oma am Fuß der Treppe erschien, gestürzt und die ganze Treppe, etwa zehn Stufen, kopfüber hinuntergefallen. Ich muss heftig geblutet haben, vor allem im Mund, aber ich hatte mir keine Zähne ausgeschlagen.

Doch einige Zeit später war dann das Zahnfleisch vereitert, was mir offenbar große Schmerzen bereitete, so dass meine Oma Heilmann mit mir zum Zahnarzt ging. Dieser hat mir die vier oberen Schneidezähne gezogen. Als der Eingriff beendet war, wurde ich ins Wartezimmer zu meiner Oma zurückgebracht, die wohl erwartet hatte, dass ich diese Tortur nur weinend und schreiend über mich ergehen lassen würde. Aber wunderbarer Weise war ich ganz ruhig und prägte dann einen Satz, der in Erzählungen über diesen Vorfall noch jahrelang zitiert wurde – ich sagte, so die Fama: »Der Onkel Doktor hat mir die Zähne deputzt.«

Leider war das noch nicht das Ende der Geschichte. Das Versprechen des Zahnarztes, die bleibenden Zähne würden schnell und ohne Weiteres nachwachsen, erfüllte sich nämlich nicht – im Gegenteil, sie kamen gar nicht. So musste ich jahrelang mit dieser großen Zahnlücke leben, bis kurz vor meiner Einschulung meine Mutter auf die rettende Idee kam, es müsse wohl doch etwas unternommen werden, und mit mir zu einem Zahnarzt ging, bei dem auch sie in Behandlung war.

Einige Zeit nach dessen Eingriff – die schmerzhaften Details sollen hier nicht beschrieben werden – kamen dann die vier bleibenden Zähne tatsächlich zum Vorschein. Die neue Zahnreihe hat mir zwar nicht gerade zu einem »Zahnpastalächeln« verholfen, aber sie hält bis heute.

Die Wohnung in der Bismarckstraße, in der wir seit Februar 1955 wohnten, hatte zwar vier Zimmer, aber ich bekam keines davon als Kinderzimmer. Daher musste ich insbesondere meine Hausaufgaben am Küchentisch erledigen, und verschiedene Utensilien für die Schule, die nicht in den Schulranzen kamen, wurden auf dem Küchenschrank deponiert, der aus einem Unterschrank und einem Aufsatz bestand, welcher nicht befestigt war. Um diese Gegenstände (Tintenfass, Klebstoff, Tuschkasten usw.) auf den Schrank zu stellen oder sie von dort herunterzuholen, musste ich auf einen Hocker steigen und mich, falls das Gewünschte zu weit nach hinten gerutscht war, auch noch auf die Zehenspitzen stellen.

Einmal, ich war wohl etwa zwölf Jahre alt, geschah es, dass ich bei einer solchen Aktion ins Wanken geriet und mich, um nicht vom Hocker zu fallen, an der oberen Kante des Aufsatzes festhielt – mit dem Ergebnis, dass nicht nur ich, sondern auch der Aufsatz umkippte und dieser auch noch teilweise auf mich fiel, als ich auf dem Terrazzo-Fußboden der Küche lag. Es muss einen sehr lauten Knall und danach ein langes Scheppern gegeben haben, als die Schranktüren sich öffneten und das Geschirr herausfiel.

Außer mir war nur noch meine Oma in der Wohnung. Sie kam aus dem Wohnzimmer herbeigerannt und glaubte wohl im ersten Moment, dass nicht nur ihrem Schrank und ihrem Porzellan, sondern auch ihrem Enkel etwas Schreckliches zugestoßen war. Dem war aber nicht so – ich konnte mich rasch wieder erheben und wußte nicht, was schlimmer war – der Schaden, den ich angerichtet hatte, oder die Strafe, die ich dafür zu erwarten hatte. Aber ich täuschte mich – meine Oma war so erleichtert darüber, dass mir offenbar nichts

Ernstes zugestoßen war, dass sie wohl gar nicht an eine Bestrafung denken mochte.

Der Schaden war auch, gemessen an dem Radau, den ich verursacht hatte, relativ gering: Der Schrankaufsatz war heil geblieben, es waren nur wenige Tassen und Teller zerbrochen, und die gehörten auch noch zum Alltags- und nicht zum »guten« Geschirr. Ich hatte an der Stirn eine sehr große Beule, empfand aber keine nennenswerten Schmerzen.

Einige Tage später hatte meine Mutter einen Termin bei einem Fotografen, der Passbilder von ihr und bei der Gelegenheit auch noch ein gemeinsames Foto von uns beiden machen sollte. Auf diesem Foto ist meine Beule eindrucksvoll dokumentiert.

Einige Zeit später bekam ich ein Fahrrad — mein erstes Fahrrad überhaupt, wenn man von dem Dreirad absieht, das ich an meinem dritten Weihnachtsfest 1950 geschenkt bekam, als sogar mein Vater noch anwesend war. Der Kauf wurde durch eine gemeinsame Anstrengung meiner Mutter und meiner beiden Omas möglich (heute würde man von einem Joint Venture sprechen), die jeweils 50 DM beisteuerten, so dass bei Fahrrad Rosacker in Büdelsdorf ein blaues Rixe Hermes Herrenrad zum Preis von 150 Mark erstanden werden konnte. Mit diesem Rad konnte ich nun sehr viele Wege, die ich bisher überwiegend zu Fuß und gelegentlich mit dem Bus zurückgelegt hatte, sehr viel besser absolvieren.

Wiederum etwas später tat sich im Rendsburger Einzelhandel etwas höchst Mysteriöses. Kannte man bisher Läden der Ketten SPAR und Edeka (und einiger anderer Handelsorganisationen, die längst verschwunden sind) sowie diverse Geschäfte, die in die Kategorie Tante-Emma-Läden gehörten, und außerdem, sensationell, den ersten Supermarkt (Eklöh in der Holsteiner Straße), so etablierte sich in einem Schuppen an der Einmündung der Schleswiger Chaussee in die

Fockbeker Chaussee ein ganz neuartiges Geschäft, das sich »Diskont« nannte. Das Geschäftsmodell dieses Ladens war: ein kleines Sortiment, kaum Markenwaren, weder Obst noch Gemüse geschweige denn Tiefkühlkost oder frische Milchprodukte, Wurst- oder Fleischwaren, Selbstbedienung aus Kisten und Kartons, die in einfachen Regalen untergebracht waren. Der Vorteil: Alles sollte billiger sein als in den etablierten Geschäften.

Den Rendsburgern erschien dies höchst dubios. Nur wenn die Neugier überhand nahm oder Kinder vorgeschickt werden konnten, ließ man sich zu einem Kauf hinreißen, aber die ersten Kunden müssen sich beim Betreten des Schuppens gefühlt haben wie Besucher schmuddeliger Läden, in denen verbotene Druckstücke aus dem berüchtigten Haus Beate Uhse gehandelt wurden.

Meine Mutter war zu diesem Zeitpunkt mit ihrem zweiten Ehemann in den Kampenweg gezogen (für mich begann eine Pendelei zwischen den Wohnungen im Kampenweg und in der Bismarckstraße – ich hatte ja nun ein Fahrrad), und vom Kampenweg 14 bis zum Diskont waren es gerade mal 200 Meter – irgendwann war die Schwellenangst überwunden und auch ich traute mich in den Laden. Ich wurde nie ein Stammkunde, aber vor allem Süßigkeiten waren im Diskont deutlich billiger als anderswo, und mein Budget dafür so klein, dass ich nicht widerstehen konnte.

Bei einem dieser Besuche wollte ich nur ein Teil kaufen und stand außerdem unter Zeitdruck, so dass ich es riskierte, mein Fahrrad einfach an die Schuppenwand zu lehnen und nicht abzuschließen (es hatte ohnehin nur ein Speichenschloss). Als ich nach wenigen Minuten wieder herauskam, war das Fahrrad verschwunden. Ein Drama! Mein wichtigster und kostbarster Besitz – verloren! Aber manchmal geschehen wirklich Wunder: Eine knappe Woche später war wieder etwas im Diskont einzukaufen, ich ging den Weg zu Fuß und mit schwerem Herzen – und fand mein Fahrrad genau an der Stelle, an der ich es seinerzeit abgestellt hatte, vollständig und unversehrt! Ein unbeschreibliches Gefühl, und anschließend eine Fülle von Vermutungen, wie so etwas geschehen konnte – natürlich ohne Ergebnis.

Eine Folge hatte diese Erpisode aber doch noch: Der Chef meiner Mutter, dem sie davon erzählt hatte, schrieb darüber eine Glosse für die Lokalseite, übrigens nicht die erste, zu der ich den Anlass gegeben hatte.

9 Menschen, die mir Angst machten

Es gab in meiner Kindheit in Rendsburg einige Menschen, vor denen wir Kinder gewarnt wurden. Mir wurde zur Begründung gesagt, sie seien »bekloppt« und könnten gewalttätig werden.

Ein in ganz Rendsburg bekanntes Unikum war Klaus, der mit vollem Namen wohl Klaus Möller hieß. Klaus war vielleicht um die dreißig Jahre alt, er trug fast immer, im Sommer wie im Winter, bei Sonnenschein und Regen einen grauen Gummimantel und trat bei so gut wie allen größeren Veranstaltungen auf, die unter freiem Himmel stattfanden. Er hatte immer eine korrekte Frisur, mit kurzen, früh ergrauten lockigen Haaren, die meine Mutter bei einem »normalen« Menschen als flott oder schick bezeichnet hätte.

Ob die beiden Gilden marschierten (eine hieß Neuwerker Scheibenschützen-Gilde und die Mitglieder der einen wurden aus unerfindlichen Gründen als »Fleischfresser«, die der anderen als »Knochenpuhler« bezeichnet), wenn die Schüler nach dem Vogelschießen im Schützenhof durch die Stadt paradierten, wenn ein Spielmannszug durch die Straßen zog, wenn es auf dem Altstädter Markt oder dem Paradeplatz eine öffentliche Veranstaltung gab – stets war Klaus dabei und versuchte, die Rolle einer Ordnungskraft zu spielen.

Wenn Kinder seine Anweisungen und zackigen Gesten nicht ernst nahmen oder gar imitierten, konnte er bitterböse gucken, manchmal auch drohend einige Schritte auf die Störenfriede zugehen, aber ich habe Klaus nie gewalttätig erlebt. Trotzdem wagte ich nicht, ihn zu ignorieren oder gar zu verspotten.

In der Prinzessinstraße lebte ein merkwürdiges Paar, zwei kleinwüchsige Menschen mit auffälligem Gesichtsausdruck.

Nur der Mann hatte einen bekannten Namen – »Walter«. Vor allem Frauen sollten sich angeblich vor ihm in Acht nehmen, denn er würde sie unter Umständen unversehens »anspringen«, wie sogar meine Mutter ganz ernsthaft behauptete. Ich habe dergleichen nie erlebt, war aber immer auf der Hut, wenn Walter – stets von seiner Partnerin begleitet – auftauchte und vor allem, wenn er verspottet wurde, indem etwa Jugendliche dem seltsamen Paar den Vers »Waller, Waller – Büchsenknaller« hinterherriefen.

Ein Stückchen die Alte Kieler hinauf, vielleicht zehn Hausnummern weiter, befand sich damals ein großer Bau, Haus der Jugend genannt, dessen ursprüngliche Bestimmung ich nicht kannte – vielleicht war es einmal eine Kaserne gewesen (in der ehemaligen Garnisonstadt Rendsburg gab es viele davon). Dort lebten in den fünfziger Jahren sehr viele Deutsche, die aus Ostpreußen, Pommern oder Schlesien geflüchtet waren, darunter eine Familie H. mit einem Sohn Klaus, der etwa so alt war wie ich, aber viel größer und kräftiger. Von Klaus hieß es, er sei »nicht ganz normal« und er würde ohne jeden Anlass auf andere Menschen einprügeln, vor allem auf ihm körperlich unterlegene Kinder.

Obwohl ich Klaus nur selten und niemals prügelnd erlebt habe, hatte ich große Angst vor ihm. Bei meinen vielen Wegen am Haus der Jugend vorbei (auch noch später, als wir in der Bismarckstraße wohnten) versuchte ich stets, eine mögliche Bedrohung durch Klaus frühzeitig zu erkennen und ihm dann möglichst irgendwie aus dem Weg zu gehen.

Das Haus der Jugend hatte aber auch eine ganz besondere Attraktion – eine Filiale der Firma ARKO, wo es Kaffee und Süßwaren gab. Wenn ich dort zum Einkaufen hingeschickt wurde, schwankten meine Gefühle zwischen der Vorfreude auf etwas Süßes und der Angst, Klaus H. in die Arme zu laufen. Aber eines Tages erwartete mich dort ein noch größerer Schrecken: Als ich um die Hausecke bog und herauszufinden versuchte, ob die Luft rein war, wäre ich fast in zwei dort aufgestellte Leitern hineingelaufen, an denen ein frisch geschlachteter, aufgeklappter Schweinekörper hing. Ich weiß nicht mehr, ob ich die Flucht ergriffen oder tapfer und mit Todesverachtung (bzw. dem Verlangen nach etwas Süßem folgend) den Weg bis zur ARKO-Filiale hin- und wieder zurückgegangen bin.

10 »Drive my car«

Meine Beziehung zu Autos war von Beginn an von gegenläufigen Einstellungen geprägt. Es begann mit schierem Luxus: Die Eltern meines Freundes Rudolf Förster fuhren einen Opel Kapitän. Der war Anfang der fünfziger Jahre das wohl prestigeträchtigste Auto in der Luxusklasse, wie man dieses Segment heute nennen würde. Der Wagen wurde nach meiner Erinnerung fast ausschließlich von Frau Förster gesteuert, und Rudolf und ich genossen es, sehr oft mitzufahren. Ansonsten waren damals auf den Straßen von Rendsburg nur sehr wenige private PKWs unterwegs, und für viele Haushalte war schon das nächstkleinere Modell, der Opel Rekord, unerschwinglich. Da es nur sehr wenige ausländische Autos auf dem deutschen Markt gab – am ehesten noch französische der Marken Renault, Peugeot, Simca und Citroën –, war der VW Käfer das mit Abstand am meisten gefahrene Auto. Außer den Försters gab es in unserem näheren Bekanntenkreis niemanden, der ein Auto besaß. Die Berufstätigen, ganz überwiegend Männer, gingen zu Fuß oder fuhren mit dem Fahrrad zur Arbeit. Die Buslinien der Firma T. H. Sievers befuhren so wenige Strecken, dass es in vielen Fällen gar nicht sinnvoll war, sie zu benutzen. In der kilometerlangen Alten Kieler Landstraße z. B. fuhr zwischen der Hindenburg- (jetzt Berliner) und der Werftstraße kein einziger Bus!

Den Linien- und Schulverkehr im Kreis Rendsburg betrieb eine Firma Graf Recke mit Sitz in Schacht-Audorf. Viele Mitschüler auf dem Gymnasium kamen aus Dörfern wie Jevenstedt, Schülp, Legan, Todenbüttel oder Bokel. Viele fuhren mit dem Bus, wenige wurden von ihren Eltern gefahren.

Die meisten Ärzte und ab Ende der fünfziger Jahre auch viele Lehrer fuhren ein Auto, und natürlich gab es Transporter, die von Lieferanten und von Händlern genutzt wurden, die auf den Straßen ihre Waren verkauften: Milch-, Gemüse-, Fischhändler und Bäcker. Auch einen stadtbekannten Eiermann gab es, aber der kam auf einem Moped mit einem kleinen Anhänger.

Unübersehbar war eine spektakuläre Besonderheit: Vor dem Gebäude der Tagespost parkte einige Jahre lang ein Porsche – der seinerzeit wohl einzige in Rendsburg. Dieser gehörte Peter Boenisch. Boenisch war von 1949 bis 1952 (also bereits mit Mitte zwanzig!) Chefredakteur der Tagespost. Viel später, nach 1976, war er zeitweise (vor allem in Wahlkämpfen) Berater von Helmut Kohl und von 1983 bis 1985 Pressesprecher der Regierung Kohl. Bekannt, berühmt und teilweise auch berüchtigt wurde er aber vor allem als langjähriger Chefredakteur der Bild-Zeitung und der Bild am Sonntag.

Die zeitweise rasant steigenden Einkünfte vieler Ärzte und Zahnärzte ermöglichten auch diesen, das Auto ihrer Träume zu erwerben. Man tuschelte damals in Rendsburg darüber, dass sich manche Porsche-Besitzer zu nächtlicher Stunde verabredeten, um auf der B 77 zwischen Schleswig und Itzehoe, die den historischen »Ochsenweg« ersetzt hatte, Rennen zu veranstalten. Es wurde sogar darüber spekuliert, dass dies der Polizei bekannt sei und diese »ein Auge zudrückte.«

In den späten 50er Jahren nahm die allgemeine Motorisierung kräftig zu. Vor der Drehbrücke, die über den Nord-Ostsee-Kanal führte, bildeten sich zeitweise kilometerlange Schlangen. Dies führte dazu, dass man für die B 77 einen Kanaltunnel baute, der 1961 eingeweiht wurde. 1965 kam ein Fußgängertunnel hinzu.

Etwa zur gleichen Zeit (um 1960) wurde in Rendsburg an der Kreuzung Eckernförder Straße/Gerhard- und Flensburger Straße – von vielen bestaunt – die erste Verkehrsampel eingerichtet. Die Nachfolger von »Pepe« Boenisch (Herbert Puhlmann, Martin Th., Karl-Heinz »Kalle« F.) waren da immer noch nicht motorisiert. Auch in unserem Haus Bismarckstraße 19, wo u. a. der Rektor K., der Lehrer S. und der Polizeikommissar M. wohnten, hatte nur der Kinderarzt Otto A. ein Auto, ich meine, einen Opel Rekord oder einen Ford 12m. Nebenan, vor dem Haus Bastion 1, wo der Urologe H. seine Praxis hatte, glänzte allerdings standesgemäß ein silberner Porsche.

Für den langen Weg vom Kampenweg zu meiner Oma Klara in der Wilhelmstraße gab es zum Glück eine gute Busverbindung (mit raschem Umsteigen am Bahnhof), die ich regelmäßig benutzte, bevor ich ein Fahrrad bekam. Es gab drei Buslinien, Martinshaus – Hollerstraße (Büdelsdorf), Flak-Kaserne – Saatsee und Fockbek – Nobiskrug. Die Busse hatten überwiegend neben dem Fahrer noch einen Schaffner, der hinten saß. Eine Fahrt kostete für Erwachsene 30, für Kinder 20 Pfennige, mit Umsteigen 5 Pfennige mehr.

Wir erhielten 1962 unser erstes Auto, einen NSU Prinz, der wegen seiner Pontonform auch spöttisch »Badewanne« genannt wurde. Für mich änderte sich dadurch nicht viel – ich kann mich nicht erinnern, dass ich jemals mit dem Auto irgendwohin chauffiert worden wäre. Auch mein Verlangen, selber mit einem Auto zu fahren, war damals nur sehr schwach ausgeprägt – meinen Führerschein machte ich erst im Alter von 28 Jahren in Hamburg.

Ich erinnere mich daran, dass um 1960 herum ein Liter Benzin bei der »freien« Frisia-Tankstelle (Besitzer war ein gewisser Supke) in der Schleswiger Chaussee weniger als 60 Pfennige kostete. Bei Aral, Esso, Gasolin oder Shell waren es ein paar Pfennige mehr.

11 Amanda M., Hildegard L., »Hand-zieh« und Onkel Galonski

Ich habe in meiner Kindheit und insbesondere in der Umgebung um die Alte Kieler 72 herum kaum eine Familie erlebt, die nicht von schweren Schicksalsschlägen geprägt war. Viele dieser Dramen waren Folgen der Nazi-Diktatur, des Zweiten Weltkriegs und der Vertreibung und die meisten ohne eine persönliche Schuld der Betroffenen.

Warum starb meine »Cousine« Hannelore, die Tochter von Lotte und Gustav Fietz, als Zweijährige? Warum war Dieter, der Bruder meines Spielkameraden Rudolf Förster, wegen einer Kinderlähmung schwer gehbehindert? Warum hatte Amanda M. schon als junge Frau und bis zu ihrem Tod »offene Beine« (Ulkus)? Warum musste der scheinbar kerngesunde Karl Barkus während des Polterabends seiner Tochter Marianne tot umfallen?

Manchmal täuschte die Fassade: Frau F. aus dem Nebenhaus machte stets einen zufriedenen, unbeschwerten Eindruck – dabei litt sie sehr darunter, dass ihr (erwachsener) Sohn spielsüchtig war, was auch die ganze Nachbarschaft wusste. Das Ehepaar R. (weitläufig verwandt mit dem »Schläger« Klaus H.) schien ein Leben ohne Probleme zu führen – sie war angesehene Verkäuferin in dem renommierten Strickwarengeschäft Köster, er Angestellter in der Stadtverwaltung. Dann stellte sich heraus, dass Herr R., der u. a. die Aufsicht über die Parkautomaten in Rendsburg führte, Gelder unterschlagen hatte. Nun ja, und wir, die Heilmanns/Schröders mit der nach vier Jahren geschiedenen Ehe, waren damit nach damaligen Maßstäben auch nicht gerade eine Vorzeigefamilie.

Keine Familie aber war so vom Unglück verfolgt wie die von Amanda M., die in der Alten Kieler 72 im zweiten Stockwerk links wohnte. Sie war die Witwe von Johannes (»Hannes«) M, der beim Zoll im Kreishafen gearbeitet hatte. Hannes M. war Sozialdemokrat und hatte schon bald nach 1933 unter den Drangsalierungen durch die Nazis zu leiden. Meine Oma deutete einmal an, dass ihr Mann, der Polizeihauptwachtmeister Wilhelm Schröder, seinen Freund Hannes mehrfach vor Schlimmerem bewahrt hatte. Aber Hannes starb jung an einem Schlaganfall, den er auf dem Weg zur Arbeit erlitt (»er lag tot auf den Schienen der Kreisbahn.«).

Das Ehepaar M. hatte eine Tochter Hildegard, die kurz nach dem Tod ihres Vaters – noch jung und unverheiratet – ein Kind bekam, damals ein Skandal, ja, sogar eine Schande. Irgendwie gelang es Amanda, nach außen hin den Eindruck zu erwecken, dieses Kind, Hansi genannt, sei ihr Sohn (die Nachbarn wussten natürlich Bescheid). Sie sprach seinen Namen kurioserweise wie Hand-zieh aus.

Einige Zeit später – wohl kurz vor dem Krieg oder zu Kriegsbeginn – heiratete Hildegard einen Mann namens L., von dem sie rasch zwei Söhne, Ingo und Horst, bekam. L. kam aus dem Krieg als Schwerverletzter zurück – so lautete die »offizielle« Version. Es spricht jedoch einiges dafür, dass L., dessen Name vermuten lässt, dass er jüdischer Abstammung war, seine schweren Verletzungen nicht bei Kriegshandlungen, sondern in einem Konzentrationslager erlitten hatte. Er ist jedenfalls kurz darauf an den Folgen dieser Verletzungen gestorben.

Hansi war Anfang der fünfziger Jahre ein sehr freundlicher junger Mann, der nach Feierabend handwerkliche Tätigkeiten verrichtete und Bastelarbeiten anfertigte – u. a. baute er für mich aus Sperrholz einen Kaufmannsladen, den ich zu meiner großen Freude als Weihnachtsgeschenk erhielt. Wenn man ungeschickten Menschen unterstellt, dass sie »zwei linke Hände« hätten, muss man Hansi M. bescheinigen, dass er »zwei rechte Hände« hatte. Zu den beiden jüngeren Söhnen von Hildegard L. hatte ich kaum Kontakt – sie galten im ganzen Haus schon bald als »schwierig«.

Hildegard L. ging dann eine sogenannte »Onkelehe« mit einem Maler namens Galonski ein, der für mich tatsächlich »Onkel Galonski« hieß und den ich sehr mochte. Zu dieser Zeit wurden in der Friedrich-Voß-Straße mehrere Neubauten errichtet, in denen Onkel Galonski mit einigen Kollegen Malerarbeiten verrichtete. Mir machte es großen Spaß, ihnen dabei zuzuschauen, gelegentlich kleinere Zuarbeiten zu leisten und manchmal auch von Hildegard L. und Amanda M. etwas zu essen oder zu trinken für sie zu holen.

Die Maler unterhielten sich während ihrer Arbeit fast ununterbrochen (die Zeit, in der Handwerker ein Kofferradio mit zur Arbeit nahmen und sich von den lustigen Sprüchen aufgekratzter Moderatoren unterhalten ließen, war noch nicht angebrochen). Dabei bekam ich auch so manches mit, was unter »Schweinkram« rangierte – das meiste werde ich gar nicht verstanden und auch schnell wieder vergessen haben, aber ein derber Spruch eines Kollegen von Onkel Galonski hat sich mir eingeprägt: Der Schah von Persien hatte 1951 in zweiter Ehe die Fürstin Soraya geheiratet, aber diese Ehe blieb kinderlos – ein Schicksal, das die Menschen in Deutschland offenbar tief bewegte. Dazu hatte der Kollege von Onkel Galonski eine Erklärung: »Der Schah hat doch Steine im Sack.« Den Malern in der Friedrich-Voß-Straße schien das einzuleuchten, mir blieb der Sinn dieser Begündung allerdings damals verborgen (und ich fragte wohlweislich auch nicht nach).

Nach unserem Umzug in die Bismarckstraße erfuhr ich nur noch solche Neuigkeiten von Familie M./L., die mir meine Oma von dem allmonatlichen Kaffeeklatsch mit Amanda M. und Ännchen Barkus erzählte. »Hand-zieh« hatte inzwischen geheiratet, und Ingo und Horst waren auf eine leicht schiefe Bahn geraten. Um ihre finanziellen Nöte zu lindern, hatten sie einen Kamikaze-Job im Hamburger Hafen angenommen – dort wurden Männer gebraucht, die als Taucher mithalfen, die zahlreichen Wracks auf dem Grund der Elbe zu beseitigen. Diese Tätigkeit wurde sehr gut bezahlt, es kam aber auch zu zahlreichen, oft tödlichen Unfällen.

Das letzte, was ich von Ingo hörte, war erfreulicher. In Deutschland war zu dieser Zeit das Boxen sehr populär, sowohl als Profisport wie auch im Amateurbereich. In der Nordmarkthalle, eigentlich eine Viehmarkthalle, in der aber – in Ermangelung anderer Räumlichkeiten – auch verschiedene andere Großveranstaltungen stattfanden, wurden regelmäßig Boxkämpfe oder –turniere durchgeführt, und manche Freunde des Boxsports fuhren sogar zur Ostseehalle in Kiel oder zur Ernst-Merck-Halle in Hamburg, um Profis wie Gustav »Bubi« Scholz, »Buttje« Wohlers oder Peter »De Aap« Müller kämpfen zu sehen.

Ingo L. boxte für den Rendsburger Amateurboxclub (RBC) und gewann etwa 1956 die schleswig-holsteinische Meisterschaft im Schwergewicht, allerdings nicht, weil er seinen Gegner im Finale durch k.o. oder nach Punkten besiegt hatte, sondern weil dieser nach zwei Tiefschlägen disqualifiziert wurde. Damit tat er es Max Schmeling gleich, der nicht etwa, wie viele glauben, durch einen Sieg über Joe Louis Weltmeister im Schwergewicht wurde, sondern weil sein Gegner Jack Sharkey im Titelkampf vom 12. Juni 1930 in der 4. Runde wegen eines Tiefschlags disqualifiziert wurde. (Den Rückkampf zwei Jahre später gewann dann Sharkey nach Punkten. Gegen Joe Louis kämpfte Schmeling 1936 und 1938. Den ersten Kampf gewann er gegen den für unbesiegbar gehaltenen Louis durch k.o in der zwölften Runde, den zweiten, einen Titelkampf, verlor er durch k.o. in der ersten Runde.)

Wenig später zogen Hildegard L. und Onkel Galonski nach Wuppertal um. Amanda M. erzählte dies im Stil einer gewaltigen Erfolgsstory, was mich nicht überraschte: Sie hatte eine Schwester, die nach Rellingen bei Hamburg verzogen war, und über diesen Ortswechsel sprach sie immer wieder wie vom Auswandern nach Amerika, wo man es vom Tellerwäscher zum Millionär bringen konnte. Tante Hildegard und Onkel Galonski hatten es zwar nur bis nach Wuppertal geschafft, aber Wuppertal war ja riesig im Vergleich zu Rendsburg, und Amanda M. schärfte mir ein, bei den Grußkarten zum Geburtstag, zu Ostern und zu Weihnachten auf keinen Fall die präzise Ortsbezeichnung »Elberfeld« zu vergessen.

12 Die große Katastrophe

Ab dem Herbst 1954 kamen immer wieder in mehrwöchigen Abständen zwei Damen zu Besuch bei meiner Oma in der Alten Kieler. Es waren keine Zeuginnen Jehovas und keine Spendensammlerinnen, sondern Angehörige einer Rendsburger Unternehmerfamilie H., der das Haus Nr. 72 gehörte. Es ging auch nicht darum, dass meine Oma mit der Miete im Rückstand war oder dass Nachbarn sich über sie (oder mich) beschwert hatten. Sie kamen wohlweislich immer, wenn meine Mutter nicht zu Hause war, und äußerten den Wunsch, meine Oma möge die Wohnung räumen, da sie selber Bedarf hätten. Dazu legten sie meiner Oma den Entwurf eines Vertrages vor, in dem vorgesehen war, dass sie die Wohnung verlassen und dass Familie bzw. Firma H. ihr eine gleichwertige Wohnung nachweisen und die Kosten für den Umzug übernehmen werde. (Vielleicht wurde auch noch eine Abschlagszahlung in Aussicht gestellt.)

Meine Oma weigerte sich zunächst, einen solchen Vertrag zu unterschreiben. Als meine Mutter abends nach Hause kam, war sie entsetzt über das Anliegen und das Vorgehen der H.'s und bestärkte meine Oma darin, auf keinen Fall zu unterschreiben. (Ich vermute, dass sie in den nächsten Tagen einen rechtlichen Rat eingeholt und die Auskunft erhalten hat, dass die Position der H.'s schwach war, selbst wenn sie Eigenbedarf geltend zu machen versuchten.)

Aber der stete Tropfen höhlte den Stein, und bei einem Besuch der beiden Damen Anfang Januar 1955 wurde meine Oma schwach und unterschrieb. Dann ging alles ganz schnell: Es wurde eine Wohnung in der Bismarckstraße 19, 1. Etage, angeboten, die frei und frisch renoviert war und sofort zum Einzug bereitstand. Diese Wohnung war in der Tat mindestens gleichwertig (sie hatte sogar einen Balkon), allerdings betrug die monatliche Miete 96 DM (die Kosten für Kohle kamen dazu), für meine Oma mit ihrer ca. 300-DM-Pension kein kleiner Betrag. Andererseits würde meine Mutter ja zunächst weiter bei ihr wohnen, und nach einem möglichen Auszug konnte man ein Zimmer untervermieten.

Der Winter 1954/55 war hart – es gab starken Frost und viel Schnee. Als Ende Februar der Umzugswagen anrollte, waren die Fußwege in der Alten Kieler vereist. Als Umzugsunternehmen war die renommierte Rendsburger Spedition D. (nach der sogar eine Straße in Rendsburg benannt worden war) verpflichtet worden – das war beruhigend. Aber meine Oma war den Möbelpackern gegenüber extrem misstrauisch, weswegen sie eine geradezu groteske Aktion plante und durchsetzte: Alle ihre Besitztümer, die sie für besonders wertvoll hielt, verstaute sie in Kartons, die auf meinen Schlitten geladen wurden. Am Wochenende vor dem Umzug schoben und zogen sie, meine Mutter und ich den schwer beladenen Schlitten über die vereisten Straßen von der Alten Kieler 72 in die Bismarckstraße 19 – immerhin einige Kilometer. Die Hoffnung meiner Mutter, dass uns niemand bei diesem Unterfangen beobachten würde, trog – wir erfuhren später, dass wir bereits an der Einmündung der Alten Kieler in die Kaiserstraße, bei der der Schlitten in eine Schieflage geriet, von Omas Kaffeeklatsch-Freundin Erna B. gesehen worden waren.

Dass das Misstrauen meiner Oma trotz des angesehenen Namens »Spedition D.« nicht unberechtigt war, erwies sich am Tag des Umzugs: Die Möbelpacker erschienen mit starker Verspätung, und das einzige Objekt, das sie zunächst transportierten, war eine Kiste Bier, die wegen des schon erfolgten Konsums nicht mehr allzu schwer war. Dieser Vorrat, der später durch Käufe bei Kaufmann Taube ergänzt werden sollte, wurde neben dem Hauseingang deponiert.

Endlich begannen die eigentlich vorgesehenen Aktivitäten

der Transporteure, die mit einer Sorgfalt, Gründlichkeit und Umsicht durchgeführt wurden, dass, wie man damals sagte, meine Oma förmlich »Zustände bekam«. Tiefpunkte dieses Treibens waren zum einen, dass die Transportkiste, in der sich die Sammeltassen meiner Oma befanden, zu Boden krachte (etliche Tassen und Untertassen gingen zu Bruch) und dass zum anderen der ganze Stolz meiner Oma, eine große Zimmerpalme, so lange in der klirrenden Kälte vor dem Umzugswagen stehengelassen wurde, dass sie kurze Zeit später einging.

Das Allerschlimmste aber war, dass meiner Oma ihre vertraute Umgebung, in der sie fünfundzwanzig Jahre gelebt hatte, verlorengegangen war. Davon, und dass sie nicht mehr Tür an Tür mit ihren Freundinnen Amanda M., Ännchen Barkus und Erna B. und anderen langjährigen Nachbarn wohnen durfte, hat sich meine Oma zeit ihres Lebens nicht mehr erholt.

13 Die Altstädter Knabenschule

Zu Ostern 1954, als ich fünfeinhalb Jahre alt war, stellte sich die Frage der Einschulung. Meine Mutter und Oma Alwine trafen die Entscheidung »Ach, wir lassen ihn noch ein Jahr spielen.« Andernfalls wäre ich in die Moltkeschule eingeschult worden. Anfang 1955 zogen wir in die Bismarckstraße um, und nun gehörte ich zum Bereich der Altstädter Knabenschule. Mein Schulweg führte mich zwar an der Holstenschule vorbei, aber diese Schule war den Kindern, die im Bereich Schleife wohnten, vorbehalten. (Das Gebäude am Holstentor hat eine sehr wechselvolle Geschichte. Nach meiner Kenntnis beherbergte es mal eine »Höhere Töchterschule«, während der Nazi-Zeit war dort die »Lehrabteilung der Bezirksschule des deutschen Arbeitsdienstes Nordmark« untergebracht, und nach der Zeit als Holstenschule war es vorübergend eine Musikschule und wird jetzt wohl von der Diakonie Rendsburg-Eckernförde genutzt.)

Der Schulweg von der Bismarckstraße über das Eiland und durch die Rendsburger Innenstadt mit dem Stegen und der Hohen Straße bis zum Schulgebäude an der Bleiche dauerte etwa eine halbe Stunde, und wenn man sich die Nase längere Zeit am Schaufenster von Spielzeug-Carstensen im Stegen plattdrückte, auch etwas länger.

Für die Einschulung wurde ich ausstaffiert mit einem schlichten braunen Schulranzen (ein riesiger Unterschied zu den heute obligatorischen Hochglanzprodukten, z. B. von der Firma Scout, deren teuerste mehr kosten als ein Notebook), der eine Schiefertafel, Griffel und Schwamm enthielt. Und natürlich bekam ich eine Schultüte; die war fast so groß wie ich und enthielt etliche Süßigkeiten – mehr, als ich üblicher Weise etwa zum Geburtstag bekam.

Es gab – anders als für die »Osterküken« späterer Jahrgänge – keine Aufnahmefeier. Wir mussten uns auf dem Schulhof versammeln und wurden dann einzeln aufgerufen und in zwei Klassen eingeteilt. Ich kam in die Klasse 1b mit der Klassenlehrerin Fräulein Bergann, die Parallelklasse 1a erhielt als Klassenlehrerin eine Frau Wegner, die, was sich später herumsprach, den Spitznamen Toni hatte. Frau Wegner wohnte ganz in der Nähe, in der Hohen Straße, und hatte es zu ihrer Angewohnheit gemacht, Schüler dadurch auszuzeichnen, dass diese nach einer Klassenarbeit die Hefte zu ihr nach Hause tragen durften (oder mussten). Fräulein Bergann kam aus Büdelsdorf und war verwandt mit einer Familie K., deren Söhne später auf dem Gymnasium meine Mitschüler wurden. Ernst-Ulfert K. war ein Vorzeigeschüler, der im Jahr vor mir die Abiturientenrede hielt, während sein Bruder Jochen es nur zwei Jahre in meiner Klasse aushielt und dann die Schule verlassen musste. Immerhin teilte er mir vertraulich mit, dass meine frühere Lehrerin, seine Tante, mit Vornamen Lieselotte hieß und in der Familie Lilo genannt wurde.

In meiner Klasse waren wir zu Beginn 48 Schüler, und diese Zahl änderte sich im Laufe der nächsten vier Jahre kaum – Zu- und Abgänge hielten sich in etwa die Waage. Wir saßen in engen Bänken mit Pulten davor. In der ersten Klasse war Fräulein Bergann unsere einzige Lehrerin – einen besonderen Unterricht in Musik, Turnen oder Zeichnen gab es nicht. Da wir erst kurz vor Schuljahresbeginn in die Bismarckstraße gezogen waren, war mir kaum einer der Mitschüler bekannt. Vom Sehen kannte ich immerhin einen der beiden Jungen mit Namen Thomas, den Sohn des Ehepaars Wendy von der Eisdiele und Kneipe gegenüber. In den ersten Monaten ging ich oft mit Thomas Wendy zur Schule und auch wieder zurück. Manchmal trugen wir für seinen Großvater Reimer, der einen kleinen privaten Omnibusbetrieb hatte, Prospekte aus.

Mit meinem Vornamen Wolf-Rüdiger war ich eine große Ausnahme – viele meiner Klassenkameraden hießen Peter (oder Hans-Peter), Jürgen und Joachim (oder Hans-Jügen und Hans-Joachim) sowie Wolfgang, Manfred und Gerd bzw. Gerhard. Stark im Kommen waren aber Michael und Thomas.

Bevor wir in das Schreiben und Lesen mit konkreten Buchstaben eingeführt wurden, machten wir Schreibübungen mit Wellen, Bögen, Kreisen (»Kullern«) und Strichen verschiedener Form und Größe. Diese Übung halte ich auch heute noch für sehr sinnvoll (sie ist aber offenbar nicht mehr der Standard) – damals jedoch befremdete sie mich, denn die (Druck-)Buchstaben, die ich kannte, waren mit wenigen Ausnahmen eckig. Noch größer war meine Überraschung, als wir unsere erste Fibel erhielten – die war komplett in Schreibschrift geschrieben, und meine Vorkenntnisse erwiesen sich zunächst als völlig unbrauchbar. (Der erste Satz in dieser Fibel lautete »Tut-tut-tut ein Auto«.)

Mit dem Rechnen tat ich mich zunächst leichter – Ziffern und Zahlen kannte ich ja, und ich hatte auch schon ein wenig gelernt, wie man mit (kleinen) Zahlen umgehen konnte. Der Nachteil für mich war, dass ich mich in den ersten Stunden furchtbar langweilte oder mit erkennbarer Ungeduld reagierte, wofür die Lehrerin manchmal, aber nicht immer, Verständnis hatte.

In der ersten Zeit rügte Fräulein Bergann Fehler und Unwissen nur sehr milde. Viel wichtiger war ihr von Anfang an, dass man sich »manierlich« benahm und dass die Schulsachen, aber auch die Kleidung, nicht »liederlich« waren.

Die ersten vier Schuljahre sind in meiner Erinnerung wie im Fluge und ohne große Veränderungen vergangen. Sie hatten auch nur wenige Höhepunkte – etwa das alljährliche Vogelschießen und gelegentliche Sonderveranstaltungen wie z. B. der Besuch des Verkehrskaspers. Ab der zweiten Klasse erhielten wir auch Unterricht bei anderen Lehrern wie Herrn Lange (Musik) und Herrn Reschke (Sport). Eine Überraschung hatte Fräulein Bergann zu Beginn der vierten Klasse parat – jeweils eine der Unterrichtsstunden in Musik und Sport übernahm sie selber. »Aber glaubt ja nicht, dass wir dann singen und turnen!« Sie wollte diese zusätzlichen Stunden nutzen, um die Schüler, die nach der vierten Klasse auf die Mittel- oder Oberschule wechseln sollten, intensiv auf die Prüfungsarbeiten am Ende des Schuljahres vorzubereiten. (Das waren drei Arbeiten – ein Diktat, eine Nacherzählung und eine Rechenarbeit.)

In der vierten Klasse durften wir zum ersten Mal an den Bundesjugendspielen im Geräteturnen teilnehmen. Ich turnte ja regelmäßig beim RTSV und war trotzdem überrascht und hocherfreut, dass ich 66 Punkte erreichte und damit eine Siegerurkunde erhielt. Eine solche gab es ab der Punktzahl 40, und ab 72 Punkten wurde eine Ehrenurkunde verliehen, die ich also nur knapp verpasste. (Im Lichte dieser Teilnahme unserer Klasse an den Bundesjugendspielen war es besonders fragwürdig, dass wir auf Grund der Bergannschen Maßnahme nur eine Turnstunde pro Woche hatten, und diese mit fast fünfzig Schülern.)

Die Lehrer an der Altstädter Schule waren nach allgemeiner Einschätzung streng, teilweise brutal. Die meisten schlugen – es gab Ohrfeigen und Stockschläge als Strafe für Fehlverhalten. Manche Lehrer unterrichteten nur in den höheren Klassen – über deren Eigenarten erfuhr man durch Berichte, die Mitschüler von ihren älteren Brüdern erhielten. Es gab z. B. einen Lehrer K., der gerüchteweise früher aktiver Boxer gewesen war und im Sportunterricht auch das Boxen trainieren ließ. Das fanden die meisten seiner Schüler toll – nicht aber, dass er Boxhiebe auch zur Strafe austeilte.

An einem kleine Vorfall war ich selber beteiligt, wofür ich mich noch heute schäme: Wir hatten in der zweiten Klasse einen Mitschüler namens Klaus F., der nicht älter war als der Klassendurchschnitt, aber alle anderen an Körpergröße und Gewicht weit übertraf. Klaus war, milde gesprochen, ein wenig einfältig (als Schüler drückten wir das wesentlich drastischer aus), was in merkwürdigem Kontrast zu seinen imponierenden körperlichen Ausmaßen stand. Eines Tages sagte er etwas, wodurch sich gleich mehrere Mitschüler beleidigt fühlten, und daher auf Rache sannen. Sie beschlossen, Klaus vom Schulgelände zu tragen (es war streng verboten, während der Unterrichtszeit den Schulhof zu verlassen), und baten mich, die Pforte zu öffnen, was ich auch tat. Klaus strampelte, aber er wurde von vier Klassenkameraden an Armen und Beinen festgehalten. Diese Vier hatten aber keine Idee, wie ihre Strafexpedition fortgesetzt oder beendet werden sollte. Ich weiß bis heute nicht, wieso ich auf diese groteske Idee kam, aber ich sagte zur allgemeinen Überraschung »Wir bringen ihn zu Adenauer!« Dieses Ansinnen empfand der arme Klaus offenbar als so bedrohlich, dass er noch stärker strampelte, sich losriss und in großen Sätzen davonlief.

Weil er für den Rest des Tages im Unterricht fehlte, hatte ich eine Heidenangst, dass er die Verschwörer verpetzen würde und auf mich eine schreckliche Strafe wartete. Aber es passierte – nichts. Am nächsten Tag kam das Mobbing-Opfer Klaus F. wieder in die Schule und erweckte den Eindruck, als sei nichts geschehen.

In einer Hälfte des großen Schulgebäudes war die Altstädter Mädchenschule untergebracht. Die Schulhöfe gingen ineinander über und waren nur durch eine imaginäre Linie getrennt. Diese Linie war aber prägnanter als eine massive Mauer hätte sein können, denn sie wurde vorgegeben und angeblich scharf bewacht von der Rektorin der Mädchenschule, Emma Faupel, die im Nebenberuf Senatorin der Stadt Rendsburg war. Ich habe nie erlebt, dass Schüler oder Schülerinnen, die sich deutlich auf der »falschen« Seite des

Schulhofes aufhielten, von Frau Faupel erwischt und gemaß-
regelt wurden, aber die Strafandrohung, die angeblich bis
zu einem Schulverweis gehen sollte, stand immer im Raum.

14 Familie Seidler

In Rendsburg gab es eine Strafanstalt, gelegen auf einem weitläufigen Gelände zwischen Kieler Straße und Eider, die 1956 aufgelöst wurde. Die Gefängnisgebäude wurden gesprengt, die in einem Kreis um sie herum gruppierten Wohnhäuser blieben zunächst erhalten. (Später entstand dort die sogenannte Parksiedlung Obereider.)

In eins dieser Häuser zog eine Familie Seidler aus Neumünster – Vater, Mutter und sechs Kinder namens Rudolf, Ilse, Fritz, Peter, Hans und Annemarie, genannt Muschchen oder Mäsie. Peter, der ein paar Wochen jünger war als ich, kam wohl 1957 in meine Klasse. Obwohl wir nicht weit entfernt voneinander wohnten (ich inzwischen in der Bismarckstraße) und daher zu einem großen Teil den gleichen Schulweg hatten, beschränkte sich unser Kontakt zunächst weitgehend auf die Schulstunden, denn Vater Seidler chauffierte Peter (und später auch noch seinen Bruder Hans) an den meisten Tagen mit seiner Isetta zur Schule und zurück. (Später fuhren Seidlers einen R4. Das war nach meiner Erinnerung eines der ersten R4-Modelle auf den Straßen Rendsburgs.)

Wir merkten aber sehr schnell, dass wir gut zueinander passten, und das führte schon bald dazu, dass ich von der Familie Seidler fast wie das siebte Kind aufgenommen und ohne Wenn und Aber akzeptiert wurde. Nein, ich habe nicht bei ihnen gewohnt, nicht ein einziges Mal bei ihnen übernachtet, aber ich konnte kommen, wann ich wollte, und ich hatte nie das Gefühl, unwillkommen zu sein. Dafür empfinde ich noch heute große Dankbarkeit.

Die drei Älteren lebten nicht mehr zu Hause. Nach meiner Erinnerung war Ilse Buchhändlerin in Süddeutschland, und Fritz lebte in Köln – natürlich wurde er dort ein Anhänger des »Effzeh«. Alle drei kamen aber oft nach Hause.

Zunächst beschränkten sich meine Besuche auf die Nachmittage am Samstag, und in der Regel wurde dann auf einer der Wiesen auf dem Strafanstaltsgelände Fußball gespielt. Das sprach sich schnell und auf wundersame Weise recht weit herum – es kamen nicht nur Jungen aus der Nachbarschaft, sondern auch andere Interessenten, die von diesen Aktivitäten erfahren hatten.

In einem Nebenhaus wohnte die Familie W., zu der eine unüberschaubare Anzahl von Kindern ganz unterschiedlichen Alters gehörte. Diese Familie hatte zuvor in einer Baracke, die an der Friedrich-Voß-Straße lag (also ganz in der Nähe der Alten Kieler) und »Aalkate« genannt wurde, gelebt. Mit deren Bewohnern hatte ich seinerzeit nichts zu tun – ich wurde nicht ausdrücklich vor ihnen gewarnt, aber sie waren das, was man »kein Umgang« nannte. Von dort kamen nun Benno R. und ein bereits erwachsener Mann namens K., der schon Kinder hatte und dem ich den Namen »Fadding« verpasste. Auf diesem Wege hatte ich also doch den verpönten »Umgang«, und ich freute mich sogar darüber, denn die Anwesenheit von Benno und Fadding erhöhte die Wahrscheinlichkeit, dass genügend viele Mitspieler dabei waren, um zwei Mannschaften zu bilden, und Benno hatte auch meist einen Lederball dabei, damals eine Seltenheit.

Beide hatten beim Spielen eine besondere Eigenart: Benno, der den Ball oft mit großem Geschick lange »in der Luft hielt«, schrie jedesmal, wenn er gestoppt wurde, »Strafer« – er wollte einen Strafstoß, ganz gleich, an welcher Stelle des Spielfeldes sich der Affront ereignet hatte. Und Fadding, der sehr schnell war, verzog beim überhasteten Schießen den Ball manchmal sehr weit, was er stets mit den Worten »verdammter Hubbel« erklärte.

Familie W. stellte in der Regel mindestens einen Mitspieler, manchmal sogar drei – Willy, Wolfgang und Peter. Wolfgang war etwas älter als ich, und sehr böse Zungen behaupteten, er sei das einzige Familienmitglied, das lesen und schreiben konnte, weswegen er den Spitznamen »Goethe« erhielt. Goethe war ein begnadeter Dribbler, obwohl er nur einen Trick beherrschte – er spielte den Ball gegen die Beine seines Gegenspielers und nahm den zurückprallenden Ball sofort auf, um den Gegner zu umspielen. Obwohl ich diesen Trick kannte, ist es mir zu meinem Ärger nur selten gelungen, Goethe zu stoppen.

Der mit Abstand beste Spieler war Fritz – er war technisch nahezu perfekt und imponierte mir besonders, weil er meistens barfuß spielte.Wenn ich während der Woche und unangemeldet zu Seidlers kam, war Peter manchmal nicht zu Hause. Wenn Rudi und Hans da waren, spielten wir einige Male zu dritt – es bot sich dann an, dass Hans und ich gegen Rudi spielten. Aber Hans wollte lieber mit seinem großen Bruder zusammen spielen, und davon ließ er sich nur mit viel Geduld und Überredungskunst von Seiten Rudis abbringen.

Jeden Samstag Morgen schaute ich besorgt zum Himmel – würde das Wetter gut genug sein, um nachmittags Fußball zu spielen? Würden die anderen Spieler trotz Regens oder Kälte kommen? Vater Seidler sorgte sich sehr um seine Kinder, und wenn es regnete, erließ er meist ein Verbot, nach draußen zu gehen und gar stundenlang Fußball zu spielen. Wenn ich dann versuchte, den Vater umzustimmen, gab es ein sehr resolutes »Kein Gedanke, Wolf!«

Allerdings spielten wir auch sehr oft in der Wohnung – es gab dort eine Vielzahl von Spielen: ein Tischfußballspiel (»Kicker«), ein Roulette, Monopoly und andere Brettspiele. Eins dieser Spiele war das »Jagdspiel« – man würfelte, rückte entsprechend auf dem Spielfeld vor, und wenn man auf ein Feld kam, auf dem man »schießen« durfte, konnte man durch das Würfeln bestimmter Augenzahlen eines der Tiere erbeuten. Zu diesen jagdbaren Tieren gehörten auch Fasane, und in Zusammenhang mit diesen Fasanen ist mir eine Grobheit unterlaufen, die mir heute noch leidtut: Muschchen, vielleicht sechs Jahre alt, sprach von einem »Fass-an«, und ich musste sie partout besserwisserisch korrigieren: »Das heißt 'Fa-san'«! Muschchen war es nicht gewohnt, dass man sie so plump zurechtwies, und reagierte entsprechend. Oh, ich unsensibler Bursche!

Beim Roulette passierte einmal etwas, das mit dem Prädikat »unglaublicher Zufall« nur ganz unzureichend beschrieben ist: Jeder Spieler bekam zu Beginn des Spiels Chips im Wert von 30 Geldeinheiten. Außer mir spielten Fritz, Peter und Hans, und Fritz setzte alles auf die schwarze 28. Die beiden Brüder taten es ihm nach (natürlich konnte das Feld die drei Stapel von Chips gar nicht aufnehmen), das Rad drehte sich, und die Kugel fiel auf – die schwarze 28. Die Bank war nach der ersten Runde bereits gesprengt.

Die Seidlers hatten noch etwas anderes, woran ich große Freude hatte – viele Bücher, und insbesondere vier Karl-May-Bände. (Meine Mutter hielt Karl May für einen Schundautor und weigerte sich zunächst, mir seine Bücher zu schenken.) Zu der Zeit enthielten diese Bücher noch kein Verzeichnis der gesammelten Werke, und so merkte ich erst beim Lesen, dass die vier Bände jeweils zu einer Reihe gehörten, dass aber niemals der erste Band dabei war: »In den Kordilleren«, »Winnetou III« (hier gab immerhin die Nummerierung einen Hinweis), »Der Spion von Ortry« und »Trapper Geierschnabel«. Meine jeweils fehlenden Vorkenntnisse aus den ersten Bänden erschwerten manchmal das Verständnis, trübten meine Lesefreude jedoch kaum.

Eine vorübergehende starke Beeinträchtigung unserer freundschaftlichen Beziehung ergab sich, als wir aufs Gymnasium wechselten. Nicht nur, dass wir in verschiedene Klassen kamen (Peter in die VI a/g mit dem Klassenlehrer Buttgereit, ich in die VI c mit dem Klassenlehrer »Fiete« Bauch, der mich später auch in Mathematik und Physik zum Abitur führen sollte): Wegen des Schichtunterrichts hatten wir von Montag bis Freitag zu unterschiedlichen Tageszeiten Unterricht – mal Peter vormittags und ich nachmittags, mal umgekehrt. Der Samstag war der einzige Wochentag, an dem nur vormittags unterrichtet wurde – wenigstens der Samstag! Erschwerend kam hinzu, dass wir nach Fertigstellung eines Teils des Neubaus der Herderschule auch noch in getrennten Gebäuden Unterricht hatten. Nach meiner Erinnerung konnte auf den Schichtunterricht verzichtet werden, als wir in die Quarta kamen. Aber wir hatten uns zum Glück nicht aus den Augen verloren, und in der Untertertia waren wir auch wieder in derselben Klasse, der UIII b mit dem Klassenlehrer »Nick« Vödisch.

Als das Fernsehen populär wurde und auch Seidlers einen Fernseher bekamen (lange, bevor wir einen hatten), ergab sich neben der Unsicherheit des Wetters eine weitere Gefahr für das Zustandekommen des samstäglichen Fußballspiels: Es gab eine Sendung »Samstagnachmittag zu Hause«, die von einem höchst seriösen Herrn namens Hans Reinhard Müller moderiert wurde, und im Rahmen dieses Magazins wurde auch die Kinderserie »Lassie« mit dem namensgebenden Collie gezeigt. Und lange Zeit lief im Vorabendprogramm eine ebenfalls amerikanische Abenteuerserie mit dem Titel »Sprung aus den Wolken« (die im Original »Ripcord« = Reißleine hieß). Da konnte es passieren, dass sich plötzlich mehrere Mitspieler – in der Regel ohne große Ankündigung – aus dem Staub machten, weil sie diese Sendungen nicht verpassen wollten – für mich begeisterten Fußballspieler und wenig enthusiastischen Fernsehkonsumenten unbegreiflich.

Bei »Samstagnachmittag zu Hause« trat regelmäßig auch der Koch Clemens Wilmenrod auf, wohl der erste »Fernsehkoch« im deutschen Fernsehen, der die deutsche Küche um den von ihm angeblich erfundenen Toast Hawaii bereicherte.

Bei alledem darf dies auf gar keinen Fall unerwähnt bleiben: Frau Seidler war eine unglaublich gütige, liebevolle, schier unermüdliche Mutter. Ich durfte mich glücklich schätzen, dass auch mir ihre Fürsorglichkeit zuteil wurde.

15 Bücherwurm und Leseratte

Mit dem Lesen bin ich sehr früh angefangen, und meine Faszination für das Gedruckte, seien es Zeitungen, Zeitschriften oder Bücher, hat seitdem nicht nachgelassen. Natürlich gab es zu Hause die Tagespost, aber auch eine Fülle von Illustrierten, die in der Redaktion, in der meine Mutter arbeitete, gehalten und, in der Hierarchie von oben nach unten, den Mitarbeitern nacheinander zur Verfügung gestellt wurden: Stern, Revue, Quick, Die Neue, Constanze und Kristall – von diesen existiert heute nur noch der Stern. Bevor ich lesen konnte, interessierten mich natürlich nur die Abbildungen, aber zugleich wurde mein Ehrgeiz geweckt, möglichst rasch das Lesen zu erlernen.

Ich hatte ein Kinderbuch, bei dem auf jeder Seite ein Druckbuchstabe vorgestellt und durch eine Abbildung verdeutlicht wurde – es begann mit A wie Affe und endete mit Z wie Zebra. Damit konnte ich mir zunächst die Groß- und nach und nach auch die Kleinbuchstaben einprägen. Irgendwann im fünften Lebensjahr war ich dann soweit, dass ich die meisten Wörter der deutschen Sprache lesen konnte. Es gab auch noch einige Kinderbücher von meiner Mutter, die ich neben der Zeitung und den Illustrierten zu lesen begann – zunächst recht mühsam, aber im Laufe der Zeit immer flüssiger.

Einige dieser Bücher aus den dreißiger Jahren waren zu meinem Ärger in Fraktur gedruckt, aber ich bemühte mich auch bei diesen, den Text zu entziffern, vor allem, wenn das Buch wegen des Titels oder der Illustrationen spannend zu sein versprach. Das traf besonders auf den Band »Paula auf der Spur« von Felicitas von Reznicek zu, den ich mehrfach gelesen habe. (Ich wusste damals natürlich noch nicht, welche bewegte Biographie diese Schriftstellerin und Alpinistin hatte und wie übel ihr und ihrer Familie in der Zeit des Nationalsozialismus mitgespielt worden war.)

Wenn ich bei meiner Oma Klara übernachtete, las sie mir meist vor dem Einschlafen ein Märchen der Brüder Grimm oder von Hans Christian Andersen vor, auch als ich selbst schon ganz gut lesen konnte. Natürlich wusste ich damals nicht, dass die Grimmschen Märchen Volksmärchen sind, während Andersens Märchen als Kunstmärchen eigener Dichtung entstammten. Ich spürte aber einen Unterschied, und insgesamt gefielen mir Grimms Märchen besser. (Und meine Oma musste mehrfach ansetzen, als im Märchen »Die Hirtin und der Schornsteinfeger« von Andersen von einem »Ziegenbocksbein-Oberunduntergeneralkriegskommandiersergant« die Rede war. Das war ja noch eine Spur komplizierter als Karl Mays Hadschi Halef Omar Ben Hadschi Abul Abbas Ibn Hadschi Dawuhd al Gossarah!)

Es kam meinem Lesehunger entgegen, dass in dieser Zeit zwei Jugendbuchreihen erschienen, deren Titel erschwinglich waren – die Göttinger Jugend-Bände (mit Preisen, die bei 95 Pfennigen begannen) und die Hirundo-Bücher, bei denen die Einzelbände 1,95 Mark kosteten. So wurde ich bis zum Alter zehn stolzer Besitzer einer kleinen Bibliothek, zu der die Titel »Die Schatzinsel«, »Robinson Crusoe«, »Der letzte Mohikaner«, »Tom Sawyer« und »Huckleberry Finn« gehörten. Bei Hirundo erschienen mehrere Romane von Jules Verne (»für die Jugend bearbeitet«): »Die Reise um die Erde in achtzig Tagen«, »Die Reise zum Mittelpunkt der Erde« und »Der Kurier des Zaren«, aber auch »Onkel Toms Hütte« von Harriet Beecher-Stowe – das erste Buch, bei dessen Lektüre ich geweint habe (das passierte natürlich auch bei der Schilderung von Winnetous Tod in »Winnetou III«).

In vielen dieser Bücher gab es englische Namen und Begriffe und Fremdwörter, die ich noch nicht kannte – das führte zu kuriosen Deutungen: Der blinde Bettler in der

»Schatzinsel« hieß bei mir natürlich P-e-w, und der Stewart aus den »Achtzig Tagen« wurde bei mir zum Steh-wart. Ein Indianerstamm in dem Buch »Die roten Reiter vom Schlangenfluss« trug den Namen Nez Percé – daraus machte ich Netzperke.

Im Bekannten- und Verwandtenkreis wurde ich wegen meiner »Lesekünste« ein wenig bestaunt, erweckte aber auch Missgunst. Ein Vorfall ist mir in Erinnerung geblieben: Als mein Spielkamerad Rudolf Förster seinen dritten Geburtstag feierte – ich war zwei Jahre älter – erwähnte jemand, dass ich schon lesen konnte. Nicht alle wollten das glauben, und so wurde ein Buch geholt – es waren die »Bubengeschichten in sieben Streichen/Max und Moritz« von Wilhelm Busch, die ich noch nicht kannte. Ich begann mit dem Vorlesen des ersten Streichs und kam bis zu der Zeile »Seht, das ist die Witwe ..., die das auch nicht gerne wollte« – und dabei passierte es, dass ich nicht »Bolte«, sondern »Blote« las, ein Fehler, der wegen des fehlenden Reimes natürlich besonders auffiel. Einer der anwesenden Jungen, der deutlich älter war als ich und möglicherweise den Text auch kannte, rief sofort »Er kann ja gar nicht lesen!« Damit nahm meine erste Lesung vor Publikum ein für mich ärgerliches Ende.

Viele Familien waren damals Mitglied in einem sogenannten Buchclub, z. B. dem Bertelsmann Lesering. Einer dieser Buchclubs veröffentlichte die Abenteuerromane des Autors Hammond Innes, die in vielen Bücherschränken standen. Als ich lesen konnte, empfand ich die typischen Besuche bei Freunden oder Bekannten am Sonntag Nachmittag oder bei Geburtstagen nicht mehr als so langweilig wie zuvor – ich zog mich mit Büchern, oft denen von Hammond Innes (»Öl in den Rocky Mountains«, »Es begann in Tanger«), in eine stille Ecke zurück und war beinahe traurig, wenn der Besuch zu Ende ging.

Mit etwa neun Jahren begann ich mit dem Lesen der Karl-

May-Bücher, das schon sehr bald in ein »Verschlingen« überging. Der Name Karl May war mir schon vorher ein Begriff gewesen, denn seit 1954 fanden in Bad Segeberg alljährlich die Karl-May-Festspiele statt, und als deren Intendant fungierte Wulf Leisner, der auch Intendant der Landesbühne Schleswig-Holstein mit Sitz in Rendsburg war, was eine ausgedehnte Berichterstattung in der Tagespost nach sich zog.

Zunächst lieh ich mir die Bücher von Freunden aus, deren größere Geschwister Karl May lasen. Für meine Mutter waren die Bücher von Karl May »Schund«, und so war es wieder einmal Oma Klara, die meine Wünsche erfüllte: Einige Jahre lang gehörten zu den Geburtstags- und Weihnachtsgeschenken von ihr die heiß ersehnten Bände, die auch in Geschenkpapier eingehüllt auf dem Gabentisch schon an ihrem charakteristischen Format erkennbar waren.

Und doch war es ein Geschenk meiner Mutter, das mir in ganz besonderer Erinnerung geblieben ist: An einem Osterfest wollte sie einen Kurzurlaub machen und hatte offenbar ein schlechtes Gewissen, weil ich nicht mitkommen sollte (ganz zu Unrecht übrigens – ich blieb ohnehin viel lieber zu Hause). Zu meiner Überraschung gab es am Ostersonntag Morgen nicht nur die üblichen kleinen Ostergeschenke wie Schokoladenosterhasen und Nester mit Ostereiern, sondern auch ein Buch – »Die Sklavenkarawane« von Karl May, Band 41 der gesammelten Werke! Ein kleines Geschenk – aber eines, über das ich mich ganz besonders gefreut habe. Mein persönliches Osterprogramm stand fest.

Mein Karl-May-Fieber ließ ein paar Jahre später, nachdem ich vielleicht rund vierzig Bücher – manche mehrfach – gelesen hatte, allmählich nach. Die Bände der Gesammelten Werke, die aus seinen früheren Kolportageromanen (»Die Liebe des Ulanen«, »Das Waldröschen«) zusammengestückelt worden waren, gefielen mir nicht, und den Verfilmungen der sechziger Jahre konnte ich schon gar nichts abgewinnen.

Ich entdeckte dann den Romanzyklus »Die Söhne der Großen Bärin« von Liselotte Welskopf-Henrich und begeisterte mich, lange bevor sie durch Verfilmungen bekannt wurden, auch für die Romane von Kurt Held (Kurt Kläber) – »Giuseppe und Maria«, »Die rote Zora und ihre Bande«, »Der Trommler von Faido«, »Matthias und seines Freunde«.

16 »Bloß nicht über Politik reden!«

In meiner Familie wurde in den fünfziger Jahren über Politik nicht gesprochen, jedenfalls nicht in meiner Gegenwart. Die einzige Ausnahme bildete die Kommunalpolitik wegen der Tätigkeit meiner Mutter in der Lokalredaktion der »Tagespost«, wo sie naturgemäß täglich mit der Kommunalpolitik und auch mit Kommunalpolitikern zu tun hatte. So lernte ich schon früh die Namen von Bürgermeistern, Bürgervorstehern, Senatoren und Ratsherren kennen, etwa Franz Krabbes, NSDAP-Mitglied und Bürgermeister von 1934/35 bis 1944 (der oder dessen Familie auch nach 1945 noch eine mir als dubios erinnerliche Rolle spielte), Adolf Steckel, von 1945 bis 1950 Bürgermeister von Rendsburg und von 1950 bis 1955 stellvertretender Landrat des Kreises Rendsburg, nach dem auch eine Straße benannt wurde, und Heinrich de Haan, Bürgermeister von 1929 bis 1934 und von 1950 bis zum 4. März 1957, als er im Alter von 62 Jahren unmittelbar nach einem Vortrag vor dem Rotary-Club an einem Herzinfarkt verstarb. Dann wurde der parteilose Hans-Heinrich Beisenkötter zum Bürgermeister gewählt und blieb es eine Ewigkeit von 24 Jahren. Dr. Edward Hoop bezeichnet in seiner »Geschichte der Stadt Rendsburg« die Zeit von 1950 bis 1970 zu Recht als »die Jahre gesicherter Mehrheiten für die bürgerlichen Parteien.« Dies waren vor allem die CDU und die FDP, zeitweise auch der rechte »Gesamtdeutsche Block BHE« wegen der großen Zahl der Flüchtlinge und Vertriebenen, die sich aber im Laufe der Zeit wegen der gelungenen Integration und des Lastenausgleichs großenteils nicht mehr als »Entrechtete« betrachteten.

Vermutlich gehörte auch der größte Teil meiner Verwandtschaft dieser gesicherten bürgerlichen Mehrheit an. Es gab aber offenbar Gründe, »die Hamburger« – dies waren zum einen die Familie der Tochter Elvira aus der ersten Ehe meines Großvaters Wilhelm Schröder, zum anderen Paula, die Schwester meiner Oma Alwine, mit ihrem Ehemann Ferdinand –, als gewerkschafts- und SPD-nah zu verdächtigen (worüber mit mir natürlich nicht gesprochen wurde). Daher galt insbesondere, wenn Besuch aus Hamburg sich ankündigte, die Devise »bloß nicht über Politik reden!«

Meine Oma Klara erlag trotz Flucht und Vertreibung wohl nie der Versuchung, Parteien wie DRP, DP oder BHE zu wählen, und hielt auch mir gegenüber nicht mit ihrer Sympathie für Adenauer (und damit für die CDU) hinterm Berg. Als allerdings 1961 der Regierende Bürgermeister von Berlin, Willy Brandt, den sie sehr schätzte, als Kanzlerkandidat der SPD antrat, geriet sie in Versuchung, diesem ihre Stimme zu geben. Aber dann »schimpfte« Brandt im Wahlkampf so kräftig über Adenauer, dass sie ihm ihre Sympathien und ihre Stimme entzog. Damit hatte alles wieder seine Ordnung.

In der Tat war die Vorherrschaft der CDU in Rendsburg auf allen Ebenen der Politik in diesen Jahren so überwältigend, dass es Menschan gab, die allen Ernstes der Meinung waren, unsere Verfassung sähe vor, dass stets die CDU an der Regierung und die SPD in der Opposition zu sein habe. Bürgermeister war ewig der CDU-nahe Beisenkötter, Bürgervorsteher seit 1953 der Reeder Knud Knudsen von der CDU, die bekanntesten Senatoren, Hans Förster und Emma Faupel, waren von der CDU ebenso wie der Ratsherr Karl-Heins Rollwage (Emma Faupel war Rektorin der Altstädter Mädchenschule, Rollwage Rektor der Sonderschule, die später Claus-Siljacks-Schule genannt wurde), und sogar Rendsburgs bekanntester Fußballspieler, Siegbert Zeruhn, der Kapitän des RTSV, machte Werbung für die CDU. Und Ministerpräsidenten von Schleswig-Holstein waren Friedrich Wilhelm Lübke und Kai-Uwe von Hassel, beide CDU, ewiger Bundeskanzler war Konrad Adenauer von der CDU und

Bundespräsident Heinrich Lübke, auch CDU. Ja – und wer unterschrieb die Siegerurkunden bei den Bundesjugendspielen? Edo Osterloh, Kultusminister von der CDU.

Es gab immer mal wieder Bestrebungen, die Stadt Rendsburg und die angrenzende Gemeinde Büdelsdorf zusammenzulegen. Rendsburg hatte Mitte der fünfziger Jahre etwa 35.000 Einwohner, Büdelsdorf etwa 10.000. Anders als in Rendsburg gab es damals in Büdelsdorf, das stark durch die Ahlmann Carlshütte geprägt war, eine deutliche SPD-Mehrheit. Für die Mehrheit in der Rendsburger Ratsversammlung soll dies ein hinreichender Grund gewesen sein, den Gedanken an eine Fusion nicht einmal in Erwägung zu ziehen.

Die eher »bürgerliche« Grundhaltung der Rendsburger setzte sich auch bei anderen Wahlen, etwa zu Betriebs- oder Personalräten, durch. So gab es während meiner Gymnasialzeit bei Abstimmungen im etwa vierzigköpfigen Lehrerkollegium immer genau eine Stimme, die nicht auf den konservativen Pädagogenverband entfiel.

Ein beliebtes Thema mancher Hobbypolitiker war die dänische Präsenz in der Stadt. Diese drückte sich bei einigen Wahlen durch einen signifikanten Stimmenanteil für den Südschleswigschen Wählerverband (SSW) aus (bei der Kommunalwahl 1951 etwa erhielt der SSW fast zweitausend Stimmen und damit zwei Sitze in der Ratsversammlung), durch die Präsenz dänischer Offiziere (die in der Flensburger Straße einen ganzen Block bewohnten), vor allem aber durch die Existenz der dänischen Schule, die nicht nur von Schülern dänischer Abstammung besucht wurde, sondern auch von deutschen Schülern, die auf ihrer deutschen Schule nicht zurecht gekommen waren.

An der Altstädter Schule gab es einen Lehrer M., den ich nur ein einziges Mal als Vertretungslehrer kennenlernte. In dieser Stunde hielt M. in für uns Schüler völlig ungewohnter Weise einen Exkurs in Sachern Politik ab. Er warnte uns vor allem Möglichen und schloss mit einem flammenden Ausruf: »Ich sage nur ›Ejderskolen, Ejderskolen, Ejderskolen!‹« Was hätte M. wohl gemacht, wenn er erlebt hätte, dass von 2012 bis 2017 dem damals in Kiel amtierenden Kabinett Albig eine Ministerin des SSW angehörte?

17 Von jüdischen Bürgern und dem Antisemitismus

In meiner ganzen Kindheit spielten die schrecklichen Verbrechen, die nur wenige Jahre zuvor an den Juden (und vielen anderen) verübt worden waren, keine Rolle. Wörter wie Holocaust, Schoah oder KZ lernte ich erst als Jugendlicher kennen.

Obwohl ich mich sehr häufig im Kreise Erwachsener aufhielt und deren Unterhaltungen in der Regel sehr aufmerksam verfolgte (es ging ja immer um die für ein Kind so fremde und teilweise geheimnisvolle Welt der »Großen«), erfuhr ich nur sehr wenig über dieses Thema und die Meinungen dazu – geschweige denn von Verstrickungen darin.

Ich spürte aber deutlich, dass es sich um ein Tabu-Thema handelte, über das man lieber schwieg oder mit »witzigen« Bemerkungen hinwegging. Das Wort Jude war, wenn es überhaupt erwähnt wurde, negativ besetzt, es hatte, so nahm ich es wahr, einen Anklang von Betrüger, Gauner oder falscher Fuffziger.

Ich erinnere mich, dass gelegentlich schon das Gewerbe eines Kaufmanns als betrügerisch dargestellt wurde, die »harmlosere« Formel hierfür war »Koofmich«, die brutale das unsägliche »Weißer Jude« oder »Handelsjude«.

Es gab in Rendsburg damals nur einen Menschen, von dem es hinter vorgehaltener Hand hieß, er sei Jude – der Kaufmann Opitz, der einen Laden in der Nienstadtstraße hatte, den ich außerordentlich schätzte: Opitz führte zahlreiche Artikel, die mein Kinderherz begehrte und die bei ihm meist billiger waren als in anderen Geschäften: Mein erster Lederfußball, meine ersten Fußballschuhe kamen selbstverständlich von Opitz (und waren ebenso selbstverständlich Geschenke von meiner Oma Heilmann).

Herr Opitz machte auf mich, der ich Erwachsene, vor allem erwachsene Männer, meist als überaus energisch und selbstbewußt erlebte (jedenfalls mir gegenüber), immer einen merkwürdig verunsicherten Eindruck – ich stellte intuitiv einen Zusammenhang zwischen seinem angeblichen Judentum und der Art, wie manche Erwachsene dieses Thema behandelten, her, konnte mir aber keinen Reim darauf machen, wieso ein so freundlicher Mensch Dritten irgendeinen Grund zur Herablassung oder gar Abneigung bieten konnte.

Erst sehr spät hat meine Heimatstadt Rendsburg ihre antisemitische Vergangenheit anzunehmen und zu »korrigieren« versucht. Es gibt jetzt in der Prinzessinstraße ein jüdisches Museum, das Dr. Bamberger-Haus (die ehemalige jüdische Synagoge). Für mich ist es auch im Rückblick deprimierend, dass ich erst im Geschichtsunterricht auf dem Gymnasium Details über den Holocaust und den jahrhundertealten und weiterhin vorhandenen, zumindest latenten Antisemitismus erfuhr. Ein nicht geringer Teil des Lehrerkollegiums der Herderschule hatte nach meinem Eindruck antisemitische Anwandlungen oder gar Grundüberzeugungen; einige bezeichneten ihre Religionszugehörigkeit ganz offen als »gottgläubig« – meines Wissens eine religiöse Identifikationsformel für Nationalsozialisten.

18 »Music was my first love ...«

... nein, das wäre nun doch übertrieben. Eine tiefe Liebe zur Musik lösten erst die Beatles, deren »I want to hold your hand« ich erstmals 1963 im Radio hörte, und noch später Beethoven und noch viel später Bruckner und Mahler aus. Zu den größten Schätzen meiner Schallplattensammlung gehört eine Electrola-Aufnahme der »Pastorale« von Beethoven mit Wilhelm Furtwängler und den Wiener Philharmonikern aus dem Jahre 1958. Die Hülle trägt noch das Preisschild »Kihr-Goebel, Kiel, 25,–«. Später gab es auch eine Filiale von Kihr-Goebel im Stegen in Rendsbug. Dort verbrachte ich jedesmal, wenn eine neue LP der Beatles erschien, viel Zeit in einer Kabine, in der man sich – wenn man es nicht übertrieb – die Musik vor dem Kauf (oder auch Nicht-Kauf) anhören konnte.

Schon früh gehörte das Singen zu meinen Lieblingsbeschäftigungen, und bei vielen Familienfeiern wurde ich aufgefordert, ein paar Lieder zu singen. An den Musikunterricht in der Grundschule habe ich nur sehr schwache Erinnerungen. Die Musiklehrer hießen Schmidt und Lange, und bei Herrn Lange muss ich daran denken, dass er den Weg zur Altstädter Schule jeden Tag mit dem Fahrrad von und nach Westerrönfeld zurücklegte, manchmal zu spät zum Unterricht erschien und erwartete, dass ein Schüler seine Hosenklammern abzog und vor ihm auf das Pult legte. Ich weiß auch noch, dass ich einmal im Übereifer eine Klammer neben das Pult warf und wohl nur mit großem Glück der Züchtigung entging, die Herr Lange gern mit einem langen, festen Stock zu vollziehen pflegte. Herr Lange war auch dafür zuständig, mit einer seiner Klassen Stücke einzuüben, die dann bei der Begrüßung der neuen Erstklässler (der »Osterküken«) in der Turnhalle zur Aufführung gelangten.

Mein erster Musiklehrer auf dem Gymnasium war Herr Friedrichs, ein Pädagoge, dem man wohl nicht Unrecht tut, wenn man ihn als schwierig und sogar verschroben bezeichnet. In seinem Musikunterricht in den Klassen Sexta und Quinta wurde fast nur gesungen. (Er gab auch Unterricht in Deutsch, allerdings nur in den niedrigen Klassen, und hatte den Ruf, ausschließlich Grammatik zu pauken und eine besondere Schwäche für Satzgefüge zu haben.) In der Quarta wurde Herr Busse mein Musiklehrer, ebenfalls kein ganz leichter Zeitgenosse, der sich wohl immer in Konkurrenz zu dem deutlich älteren Friedrichs sah, was sich auch auf die Entscheidung, wer den Schulchor und wer das Schulorchester leiten durfte, auswirkte.

Manche Schüler nahmen den Musikunterricht nicht ernst und alberten herum, insbesondere, wenn gesungen wurde. Dann konnten Friedrichs und Busse sehr gereizt reagieren, während Max Dürrwitz, der in der Mittelstufe mein Musik- und vorher schon mein Französischlehrer war, die Witzbolde mit Verachtung strafte.

Es gab in Rendsburg auch einen bekannten privaten Musiklehrer, Fabio Dorigo, der unter anderem einen Orff-Musizierkreis für Kinder und Jugendliche leitete (die Übungsstunden fanden in den Räumen des Rensburger Rings statt). Diesem Kreis trat ich im Alter von etwa acht Jahren bei. Dorigo legte großen Wert auf die Entwicklung eines Rhythmus- und Taktgefühls. Daher wurden viele Übungen ohne Instrumente durchgeführt. Mir ist noch heute die Sequenz »Buchsbaum, Steinbrech, Salbei, Safran-Annemonen-Tausendgüldenkraut« in guter Erinnerung.

Alle Übungsteilnehmer mussten sich mit den Orff-Instrumenten vertraut machen, angefangen von der Triangel und der Holzblocktrommel bis zum Glockenspiel und zum Xylophon. Sehr bald wurde das Xylophon zu meinem Standardinstrument, und manchmal durfte ich, wenn Dorigo mit seinem Orchester auftrat und zum Beispiel die Ungarischen Tänze von Brahms aufführte, mit dem Xylophon einen kleinen Solopart übernehmen.

Etwa ab dem Alter zwölf nahm ich bei Fabio Dorigo Geigenunterricht, der mir dafür ein Instrument zur Verfügung stellte. Ich war vermutlich nicht sein begabtester und erst recht nicht sein fleißigster Schüler, und so reichte es am Ende nur zur Zweiten Geige im Schulorchester unter Joachim Busse.

Der Chef meiner Mutter, der Lokalredakteur Herbert Puhlmann, war ein begeisterter Anhänger der klassischen wie auch der Jazz-Musik, und so schrieb er auch die Kritiken für die Tagespost/Landeszeitung von Konzerten und Aufführungen in der Stadthalle. Ich hatte das große Glück, dass er mich sehr oft einlud, ihn zu begleiten. So sah ich schon sehr früh eine Aufführung von »Rigoletto« und hörte Konzerte von bekannten Orchestern oder Solisten, einmal auch ein Konzert einer damals sehr bekannten Jazz-Kapelle, ich meine, es war das Quintett von Gunter Hampel. Allerdings habe ich mich nie wirklich für Jazz begeistern können – wenn man einmal von Miles Davis absieht, dessen »Sketches of Spain« zu meinen Lieblingsalben gehört.

Mit dem Erscheinen der Beatles und ganz besonders mit ihren Alben »Rubber Soul«, »Revolver« und »Sgt. Pepper's Lonely Hearts Club Band« (nicht zu vergessen die Singles »Paperback Writer«/ »Rain« und »Strawberry Fields Forever«/ »Penny Lane« aus dieser Zeit) erhielten mein Musikgeschmack und meine Hörgewohnheiten eine bis heute unveränderte Richtung. »Roll over, Beethoven (and tell Anton Bruckner the news)!«

19 Die Marienkirche

Keine Kirche – und zwar sowohl das Kirchengebäude wie auch die Kirchengemeinde – hat mich so geprägt wie St. Marien, um 1300 auf der höchsten Stelle der Eiderinsel errichtet. In St. Marien wurde ich am 28. November 1948 von Pastor Konrad Lübbert getauft und am 20. März 1970 von Pastor Vigo Schmidt mit meiner Freundin Ingrid Benn getraut. Als Kind besuchte ich oft – und zu Ostern und zu Weihnachten immer – die Gottesdienste mit meiner Oma Klara und zwischen meinem sechsten und zwölften Lebensjahr regelmäßig die Kindergottesdienste in einer Baracke an der Kreuzung Bismarckstraße/Nobiskrüger Allee/Röhlingsweg, die auch zur Kirchengemeinde St. Marien gehörte.

Diese Kindergottesdienste leitete ein Diakon namens Schubert, der mit großer Inbrunst biblische Geschichten erzählte und mit allergrößter Begeisterung, begleitet von einem Harmonium, die bekanntesten Kirchenlieder sang. Zur Belohnung gab es nach dem Gottesdienst kleine Kärtchen mit Motiven aus der Bibel zum Sammeln. Anfangs wohnte Schubert mit seiner Familie in dieser Baracke. Aber als die Zahl seiner Kinder wuchs (am Ende waren es nach meiner Erinnerung fünf), reichte der Platz nicht mehr und die Familie zog um. Dann kam er mit dem Fahrrad, auf dem vorn und hinten je ein Kind saß. Der Älteste hieß Lukas (auch die anderen hatten Namen aus der Bibel). Ihn musste sein Vater während des Gottesdienstes am häufigsten zur Ordnung rufen.

1959 wurde in der »Schleife« – dem östlichen Bereich von Rendsburg, der innerhalb der von der Hochbrücke hinabführenden Bahngleise lag – die Bugenhagenkirche eingeweiht, die auch zur Gemeinde St. Marien gehörte. Dort wurde meine »Cousine« Brigitte Fietz von Pastor Trede konfirmiert, der zuvor als Vikar Trede auch an der Marienkirche gepredigt hatte (und am Gymnasium Unterricht in Hebräisch erteilte). Die Baracke verschwand.

Die Marienkirche mit dem Altar von 1649, der Kanzel von 1621 und den Ostfenstern, die die vier Apostel zeigen und je vier Meter hoch sind, hat mein Bild von einem Kirchengebäude im Verlauf meiner Kindheit und frühen Jugend so nachhaltig geprägt, dass ich mich in keiner anderen Kirche heimisch fühlen könnte. Als ich nach dem Umzug in den Kampenweg bzw. in die Boelckestraße zur Kirchengemeinde St. Jürgen gehörte, nahm ich dort an den Gottesdiensten und dem Konfirmandenunterricht nur notgedrungen und mit innerem Widerstand teil. Konfirmiert wurde ich von Pastor Christensen in der Christkirche in Neuwerk, die von dem bekannten Architekten Dominicus Pelli um 1700 als Garnisonkirche gebaut worden war. Die kleine St. Jürgen-Kirche im Stadtteil Rotenhof konnte die Konfirmanden und ihre Familien nicht aufnehmen, und die Christkirche mit ihren »Prunkstücken« Kanzel, Taufbecken und Königsloge fiel zumindest nicht allzu sehr gegen die Marienkirche ab.

Die Gottesdienste in der Marienkirche wurden von Pastor Konrad Lübbert, Probst Ulrich Krüger und Vikar Jürgen Trede geleitet, später auch von Pastor Vigo Schmidt. Der Kantor hieß Sprung und trug den Titel Kirchenmusikdirektor. (Sprung war einer der wenigen Menschen, die in meiner Kindheit als Vegetarier bekannt waren und die meisten ihrer Lebensmittel aus einem sogenannten Reformhaus bezogen. Über Vegetarier spottete man damals, dass sie nicht etwa gesund, sondern eher elend aussähen. Herr und Frau Sprung wohnten in der Nähe der Bismarckstraße, so dass ich das Ehepaar häufig auf der Straße traf – und das garstige Vorurteil über Vegetarier bei ihnen tatsächlich bestätigt fand.)

Zwischen meiner Oma und ihrer Freundin Toni Milbradt gab es eine (harmlose) Auseinandersetzung darüber, wer der bessere Prediger sei – meine Oma zog Pastor Lübbert vor, Frau Milbradt den Probst Krüger. An diesem störte auch mich, dass er manchmal so sehr nuschelte, dass man ihn kaum verstehen konnte, aber Frau Milbradt fand seine Predigten interessanter. Krüger wurde bei den liturgischen Gesängen von Kantor Sprung vertreten – was ich erst nach einiger Zeit herausfand, nachdem es mich gewundert hatte, dass der so undeutlich sprechende Prediger plötzlich so klar und deutlich zu singen vermochte.

Mit Pastor Vigo Schmidt konnten sich viele Gottesdienstbesucher, so auch Frau Milbradt, nicht anfreunden. Er hatte die Eigenart, sich förmlich in Rage zu predigen, so dass der Eindruck entstand, er wolle es dem bekannten amerikanischen Prediger Billy Graham, dem »Maschinengewehr Gottes«, gleichtun. Ich mochte Schmidt und war ein Jahrzehnt später sehr einverstanden damit, dass er meine kirchliche Trauung durchführte.

Pastor Lübbert flocht in seine Predigt am Heiligabend gern eine Art Jahresrückblick ein, wobei es nicht ausbleiben konnte, dass er immer wieder auch an »drammaddische« Ereignisse erinnerte. Es war bekannt, dass einer seiner Söhne, der auch Konrad hieß, Dozent an der Universität Hamburg war – das galt zum damaligen Zeitpunkt in Rendsburg als etwas ganz Besonderes. Der Gedanke, dass ich dort einmal sein Kollege sein würde, wäre mir in dieser Zeit irrwitzig erschienen.

Ein Höhepunkt der Gottesdienste in der Advents- und Weihnachtszeit war das Lied »Lobt Gott, ihr Christen, all zugleich«, bei dem sich der Kantor Sprung mit seinem Orgelspiel mächtig ins Zeug legte. Bei der dritten Strophe zog er förmlich »alle Register«, so dass die Gemeinde unwillkürlich besonders laut sang, um gegen die Orgelklänge anzukommen. Ich verstand nicht, was es bedeutete, dass »der Cherub nicht mehr dafür stand«, aber das tat meinem begeisterten Mitsingen keinen Abbruch.

20 Das Ehepaar Sachewitz und das Schachspiel

Nachdem meine Mutter mit ihrem zweiten Ehemann in den Kampenweg gezogen war, ich aber überwiegend weiter bei meiner Oma Alwine in der Bismarckstraße wohnte, hätte ich mit ca. acht Jahren endlich ein Kinderzimmer bekommen können. Aber meiner Oma mit ihrer niedrigen Pension fiel es schwer, die Miete von 96 Mark (hinzu kamen die Kosten für die Kohlen zum Heizen) allein zu tragen. Daher sollte ein Zimmer untervermietet werden.

Als Interessent meldete sich ein Herr Sachewitz. Er stammte aus Berlin, wo seine Ehefrau immer noch lebte, war als Marineoffizier in Kiel stationiert und suchte ein Zimmer, in dem er an Wochenenden und sonstigen freien Tagen leben und sich gelegentlich mit seiner Frau treffen konnte. Herr Sachewitz machte wohl auf meine Oma einen ruhigen, seriösen Eindruck und schien wegen seines Berufs und der Ankündigung, fast nur an Wochenenden das Zimmer zu benutzen, ein geradezu idealer Mieter.

Und genauso ließ es sich auch an: In der ersten Zeit kam Herr Sachewitz nur selten und war als Mitbewohner kaum wahrnehmbar. Schon bald sprach er mich darauf an, ob ich Schach spielen könne und, als ich das verneinte, bot er mir an, mir das Schachspiel beizubringen. Ich war sehr daran interessiert, und so lud er mich gelegentlich ein, um mich – mit großer Ruhe und viel Geschick, wie ich es empfand – in die Grundzüge des »königlichen Spiels« einzuweisen.

Er hatte kein festes Schachbrett, sondern einen Schachplan aus Kunststoff, den er zu Beginn stets geradezu andächtig ausrollte und glattstrich. Der Geruch dieses Plastikplans blieb für mich lange Zeit mit dem Gedanken an Schach verbunden. Er erläuterte mir die Schachfiguren, wobei er fast nie den Begriff »Springer« benutzte, sondern immer »Pferd« mit einem langgezogenen P-f sagte. Große Mühe verwendete er darauf, mir die »Wertigkeit« der Figuren zu vermitteln, wobei ich es als unbefriedigend empfand, dass die doch sehr unterschiedlichen Figuren Läufer und P-ferd denselben Wert von drei Punkten erhielten. Um mir zunächst die verschiedenen Zug- und Schlagmöglichkeiten der Bauern zu verdeutlichen, spielten wir am Anfang nur Partien, bei denen zu Beginn lediglich die jeweils acht Bauern in der letzten Reihe aufgestellt wurden.

Herr Sachewitz legte großen Wert darauf, dass man bei Bedrohungen des Königs oder der Dame deutlich »Schach!« bzw. »Gardez!« sagte, obwohl dies in den Schachregeln nicht vorgeschrieben und bei Turnieren sogar unüblich ist.

Im Laufe der Monate machte ich Fortschritte, die ihn so sehr zufriedenstellten, dass er mir zu meiner großen Freude das Reclam-Bändchen von Jacques Mieses »Schach. Kurze Einführung in seine Regeln und Feinheiten« schenkte. Als Krönung seiner Ausbildungsbemühungen empfand er es, dass er mich in das Gebiet der Schachkompositionen (Schachprobleme mit der Struktur »Weiß zieht und setzt in … Zügen matt«) einführte. Aber da war die Stimmung in der Wohnung von Oma Alwine schon gekippt.

Das lag aber nicht an Herrn Sachewitz, sondern an seiner Ehefrau. Bei ihren ersten Besuchen verhielt sie sich noch sehr unauffällig, war kaum zu sehen und fiel nur dadurch auf, dass sie schon bei ihren wenigen Begrüßungs- oder Verabschiedungsworten so stark »berlinerte«, wie es sich norddeutsche Provinzler, die Berliner allenfalls aus Hörspielen im Radio kannten, als typisch vorgestellt hätten.

Aber mit der Zeit wurde Frau Sachewitz »warm« – sie kam immer häufiger in die Küche, wenn sie meine Oma dort hantieren hörte, und verwickelte sie in immer längere und für meine Oma immer anstrengendere Gespräche. In der nächsten Eskalationsstufe erbat sie sich die Möglichkeit, Wasser zu kochen – wohl um für sich und ihren Mann Kaffee oder Tee aufzubrühen –, was meine Oma ihr noch (vermutlich höchst ungern) zugestand – von Küchenbenutzung war doch bei Abschluss des Vertrages zur Untervermietung nicht die Rede gewesen!

Als sie jedoch im nächsten Schritt auch kleine Gerichte kochen wollte, war für meine Oma das Ende der Fahnenstange erreicht – allerdings nicht in dem Sinne, dass sie es Frau Sachewitz untersagte, sondern so, dass sie sich bei mir und meiner Mutter auf das Heftigste beklagte und darauf drängte, dass dieser für sie unzumutbare Zustand beendet werden müsse.

Zum Glück löste sich das Problem nach einer gewissen Leidenszeit von selbst – Herr Sachewitz wurde versetzt und kündigte von sich aus. Ich verdanke ihm immerhin die Grundkenntnisse des Schachspiels, die ich sogar später in der Schach-AG der Herderschule hätte vertiefen und ausbauen können. Aber diese AG tagte am Samstag Nachmittag – und ich war nicht bereit, hierfür das Fußballspielen zu opfern.

Der nächste Untermieter war ein Herr Alfred C. G. (das »C« stand für »Carl«), Lehrer an der Christian-Timm-Mittelschule, der sich wohl gerade von seiner Frau getrennt hatte, so dass eine ähnliche Entwicklung wie beim Ehepaar Sachewitz nicht zu befürchten war. Er bekam allerdings sehr viel Besuch von häufig wechselnden Damen, was mich nicht weiter berührte, für meine Oma allerdings doch ein Grund zur Beunruhigung zu sein schien.

Auch von Herrn G. profitierte ich: Er war an seiner Schule verantwortlich für die Schülerbibliothek und versorgte mich regelmäßig mit Lesestoff. Er stammte aus Ostpreußen, und so lagen ihm Romane und Sachbücher über seine Heimat besonders am Herzen. Ich weiß noch, wie er mir mit großem

Nachdruck das Buch von Heinz Hartmann, »Der Treck der Pferde: ein Buch von der Flucht und der Rettung der Trakehner« empfahl. Sprach er dabei nicht das Wort »P-ferde« ganz ähnlich aus, wie zuvor Herr Sachewitz?

Die Probleme mit den Untermietern erledigten sich durch den Umzug meiner Oma in eine viel kleinere Wohnung in der Boelckestraße im Jahre 1960, was vor allem für mich den großen Vorteil hatte, dass meine beiden »Wohnsitze« nun nahe beieinander lagen.

21 Einkäufe und Besorgungen

In der Bismarckstraße gab es damals eine Fülle von Einzelhandelsgeschäften – das, was diese damals zusammen anboten, würde heute im Wesentlichen ein einziger Supermarkt abdecken. Manche Läden dieses Typs gibt es heute fast gar nicht mehr.

Am Anfang der Straße, an der Einmündung zur »Neuen« Kieler Straße, die, vorbei am ehemaligen Strafanstaltsgelände, der Düngerfabrik und der Werft Nobiskrug, zur Kanalfähre Nobiskrug führte, lag die Schlachterei Doss. Ich kaufte dort nicht gern ein, denn die Atmosphäre war in diesem Geschäft in etwa so kühl wie die Temperatur. Wie alle Schlachtereien bot Doss als Brotbelag den sogenannten Aufschnitt an, und zwar in zwei Formen: Der einfache Aufschnitt bestand überwiegend aus Jagdwurst, Blut-, Zungenwurst und Sülze, der bessere und deutlich teurere enthielt meist geräucherten und gekochten Schinken, manchmal auch eine Scheibe Roastbeef.

Für das Ehepaar Doss muss es ungeheuer anstrengend gewesen sein, diesen Schlachtereibetrieb zu führen. Die beiden hatten einen Sohn, Heino, der etwa drei Klassen über mir die Altstädter Knabenschule besuchte. Heino war einer der drei, vier «üblichen Verdächtigen«, wenn an der Schule mal wieder einer über die Stränge geschlagen hatte.

Ein paar Häuser weiter gab es im Hochparterre zwei kleine Läden – die Drogerie von August (»Audi«) Hansen und das Papiergeschäft von Hedwig Schalnat (»Tante Hedwig, Tante Hedwig, die Schreibmaschine geht nicht«, sangen wir Kinder). Bei Schalnat gab es Bürobedarf (dem damaligen Standard entsprechend) und praktisch alles an Heften, Stiften und Farben, was Schüler benötigten. Es gab wohl auch einige Presseerzeugnisse. Frau Schalnat verkörperte das, was man gemeinhin unter einer »alten Jungfer« versteht, und ließ die Schüler und Schülerinnen spüren, dass sie in ihrem Laden bestenfalls geduldet wurden. Ich war froh, als das Kaufhaus Grimme (später Karstadt) Schulhefte in sein Sortiment aufnahm – das ersparte mir manche Begegnung mit der unfreundlichen Hedwig.

Das Geschäft von Audi Hansen war eine klassische Drogerie, wie es sie häufig gab, bevor das Geschäftsmodell von DM und Rossmann sich durchsetzte. Der Laden war nicht groß, aber viele Produkte, die heute bei einem Drogisten erwartet werden, gab es damals ja noch gar nicht: viele Artikel für Säuglinge und Kleinkinder (alles zwischen Alete und Pampers), spezielle Produkte für Wasch- und Geschirrspülmaschinen, zahlreiche Kosmetika und Hygieneartikel.

Aber es gab schon die Marke Camelia, die jede Frau kannte, aber höchstens hinter vorgehaltener Hand aussprach, was ich nicht wusste. Als einmal Tante Elvira und Onkel Eduard aus Hamburg bei uns zu Besuch waren, entstand plötzlich und unerwartet ein Bedarf nach einem Produkt dieser Marke. Ich wurde zu Audi Hansen geschickt, und als ich dort an die Reihe kam, rief ich kleiner Stepke für alle hörbar »Bitte ein Paket Camelia …!« Das Paket wurde zu meiner Überraschung sorgfältig eingewickelt, was die rasche Erfüllung meines Eilauftrags gefährdete. Aber als ich es zu Hause ablieferte, wurde ich gleich wieder losgeschickt – es fehlte noch ein weiteres Utensil aus derselben Produktlinie. Bei Audi Hansen staunte man nicht schlecht, als ich nach so kurzer Zeit schon wieder auftauchte.

Im nächsten Haus residierte der Milchmann S., bei dem es die ganze Palette der gängigen Milchprodukte gab, insbesondere Voll- und Buttermilch, die man in Kannen einkaufte; Vollmilch wurde damals auch »süße« Milch genannt. Herr S. war unbeliebt, nicht wegen seines bärbeißigen Habitus, sondern weil ihm (ich weiß nicht, ob zu Recht oder zu Unrecht) vorgeworfen wurde, er habe, nachdem seine Frau gestorben war, seinem eigenen Sohn dessen Frau ausgespannt. Auf alle Fälle war die Frau S., die im Laden bediente, deutlich jünger als Herr S., was damals zumindest im Milchmarkt eher unüblich war.

Der Milcheinkauf mit der Einliterkanne verschaffte mir erste Kenntnise auf dem Gebiet der Zentrifugal- und der Zentripetalkräfte: Es machte Spaß, die volle Kanne auf einer Kreisbahn herumzuschleudern, ohne dass Milch herauslief. (Zum Glück ging das nie schief.)

Ein Stückchen weiter – und schon fast bei der Nummer 19 – befand sich das für damalige Verhältnisse recht große SPAR-Geschäft des meist unfreundlichen Herrn Behrends; zumindest war der Laden deutlich größer als der von Taube in der Alten Kieler. Ich war immer froh, wenn mich der junge Mitarbeiter Erwin Schimmer bediente, von dem es hieß, er würde das Geschäft später einmal von dem kinderlosen Behrends übernehmen (was wohl viele Jahre danach auch geschehen ist). Direkt daneben lag eine kleine Filiale der Bäckerei Reimers aus Büdelsdorf.

Im Parterre des nun folgenden Eckhauses Bismarckstraße/Bastion befand sich der Salon des Friseurs Fritz R. – zunächst nur für Herren, später, unter Einbeziehung eines Teils der danebenliegenden Privatwohnung, auch für Damen. In der Herrenabteilung gab es keine Angestellten, Fritz R. bediente ganz allein. Er bezeichnete sich als Putzbüdel, war redselig wie die meisten Vertreter seiner Branche und erzählte gern – wie nicht wenige Männer seines Alters damals – von seinen Kriegserlebnissen. Er war als Soldat »im Osten« gewesen und hatte aus dieser Zeit eine offenbar zwiespältige Erinnerung an den »Iwan«. Eine gewisse Sympathie drückte sich u. a. dadurch aus, dass er begeisterter Besucher der Auftritte des Chors der

»Don Kosaken unter Serge Jaroff« war, der regelmäßig in Rendsburg gastierte.

Es war in den fünfziger Jahren nicht ganz ungewöhnlich, dass auch Männer aus einem bürgerlichen Milieu gelegentlich am Abend, meist samstags, eine Gaststätte aufsuchten und sich betranken; wenn die Wirtschaft in der Nähe der Wohnung lag, sah man die Betrunkenen manchmal zu später Stunde allein oder am Arm einer energischen Ehefrau nach Hause wanken. Dann und wann kam ich abends recht spät von einem Konzert oder einer Theateraufführung nach Hause, und eines Abends traf ich Fritz R. auf dessen Rückweg von Hansens Gasthof, der es mit abenteuerlichen Armbewegungen und Ausfallschritten schaffte, sich tendenziell vorwärts zu bewegen, ohne dabei zu straucheln. Er erkannte mich nicht, und ich habe mich gehütet, seine artistischen Fähigkeiten später ihm gegenüber zu loben. Von seinen Fähigkeiten als Friseur war ich aber so sehr überzeugt, dass ich ihn auch nach dem Wegzug und trotz des langen Anmarsches noch etliche Male zum Haareschneiden aufgesucht habe.

Im Eckgebäude gegenüber, der Bismarckstraße 19, hatte im Parterre Frau Hamm ihre Obst- und Gemüsehandlung. So wie das Ehepaar R. hatte auch sie gleich neben dem Laden ihre Wohnung, und leider reagierte sie allergisch, wenn Kinder beim Spielen auf dem Hof ihrer Meinung nach zu viel Lärm machten. Im Laden von Frau Hamm standen mehrere Eimer und Fässer, in denen es Gurken verschiedener Art, Rote Bete und Sauerkraut gab (man ging mit Schüsseln zum Einkaufen, in die Frau Hamm die sauren Köstlichkeiten füllte). Da vom Laden eine Tür direkt in den Hausflur ging, roch es an manchen Tagen im ganzen Haus etwas säuerlich.

Für meine Oma war es eine Selbstverständlichkeit, dass ich alle anstehenden Einkäufe in der Bismarckstraße erledigte. Ich hatte damit kein Problem, denn die Wege waren kurz, und ich musste auch nur selten längere Zeit anstehen. Das Einkaufen damals unterschied sich erheblich von dem, was heute in Supermärkten und bei Discountern üblich ist. Es gab nur Barzahlung (wenn man nicht »anschreiben« ließ – für meine Oma undenkbar, fast eine Art Offenbarungseid), die Preise wurden mit Bleistift oder Kuli auf einen Zettel geschrieben und am Ende zusammengerechnet – manchmal erhielt der Kunde den Zettel, oft aber nicht –, die meisten Waren, bis auf wenige Konserven oder Alkoholika, mussten gewogen, in Tüten gefüllt oder eingewickelt werden, es gab keine Plastiktüten (auch keine Plastikflaschen, und kein Mensch kaufte Mineralwasser), und bei einem größeren Einkauf musste man mehrere Geschäfte aufsuchen: Die Wurst gabs beim Schlachter, die Milch beim Milchmann, das Obst beim Gemüsehändler, das Brot beim Bäcker und Mehl und Zucker bei SPAR, EDEKA oder Tante Emma. Wer Herings- oder Matjessalat haben wollte, musste zu Fisch-Meier im Stegen gehen, und den besten Sahnequark bekam man bei »Mutter« Greve gegenüber vom Gymnasium. (Den wahren Feinschmecker, der bei Fisch-Meier auch so sündhaft teure Köstlichkeiten wie Krabbensalat und Garnelen bestellte, erkannte man übrigens daran, dass er den Chef-Verkäufer nicht mit »Herr Meier«, sondern korrekt mit »Herr Nacken« anredete! Und ein solcher zahlungskräftiger Gourmet ging dann sicher gleich um die Ecke zu Kaffee-Paulsen, um dort die frisch gerösteten Bohnen, deren Duft die halbe Nienstadtstraße erfüllte, zu erwerben.)

Mein mit zunehmendem Alter größer werdender Aktionsradius (ver)führte zu meinem Leidwesen dazu, dass auch der mir übertragene Aufgabenbereich stetig anwuchs. Die zu erledigenden Einkäufe gingen bald weit über die Bismarckstraße (oder den Kampenweg und die Boelckestraße) hinaus – mal musste es etwas von einem der Wochenmärkte sein, die auf dem Parade-, dem Schloss- und dem Schiffbrückenplatz stattfanden, mal gab es etwas Günstiges bei der neuen Tchibo-Filiale im Stegen, mal lockten Sonderangebote bei Eklöh in der Holsteiner Straße. Das Problem für mich waren nicht nur die räumlichen Distanzen und der mit ihnen verbundene Zeitaufwand, sondern vor allem die Ladenöffnungszeiten: Fast alle Geschäfte machten zwischen 12 und 14:30 Uhr eine Mittagspause und schlossen abends um 18 Uhr, und am Samstag war ohnehin nur von 8 oder 9 Uhr bis 13 oder 14 Uhr geöffnet. Wenn ich also – wie meist – um 13 Uhr Schulschluss hatte, musste ich zunächst nach Hause gehen oder fahren und gleich nach dem Mittagessen wieder aufbrechen, um Einkäufe »in der Stadt« zu erledigen. An solchen Tagen kam ich also auch ohne sonstige Termine – z. B. Probe des Schulchors, Orff-Musizierkreis oder Besuch bei Oma Klara – kaum vor 16 Uhr dazu, die Hausaufgaben zu erledigen, zu einer Zeit, zu der sich meine Mitschüler schon längst ihrer Freizeit erfreuten.

Und damit hatte es noch nicht sein Bewenden: In den fünfziger und auch noch in den frühen sechziger Jahren wurden sehr viele Zahlungsverpflichtungen dadurch erledigt, dass entweder ein Kassierer das Inkasso an der Haustür vornahm oder dass man selbst das Geld bei einer Kasse, an einem Schalter oder in einem Büro einzahlte. Das betraf Gebühren, Beiträge und Abgaben aller Art, z. B. Versicherungs- und Vereinsbeiträge, Abonnementsgebühren und Zahlungen für Strom, Gas oder Wasser.

Im Laufe der Zeit wurden auch solche Transaktionen nach und nach mir übertragen, was für mich nicht nur ein mehr an Aufgaben und einen noch größeren Zeitaufwand mit sich brachte. sondern auch zu noch mehr Zwängen und Engpässen führte, weil die Institutionen, bei denen ich einzahlen musste, noch kürzere Öffnungszeiten »für den Publikumsverkehr« anboten als der Einzelhandel. Hinzu kam, dass diese Zahlungen typischerweise am Monatsanfang zu leisten waren, was zu langen Warteschlangen führte. Besonders in Erinnerung behalten habe ich den netten Herrn bei der AOK-Geschäftsstelle in der Holstenstraße, gegenüber von der Post. Dort zahlte ich jeweils am Monatsanfang die Krankenversicherungsbeiträge für meine Oma Alwine, aber auch für den Chef meiner Mutter ein (meine Mutter selber war bei der DAK versichert, und ihre Beiträge wurden direkt vom Arbeitgeber abgeführt, ein kleiner Segen für mich). Und Monat für Monat musste ich diesem gewissenhaften Kassierer erneut erklären, warum ich, ein nicht bei der AOK versicherter Junge namens Heilmann, für zwei andere Personen namens Schröder und Puhlmann die Versicherungsbeiträge bezahlte.

Die monatlichen Beiträge beliefen sich übrigens auf einen einstelligen DM-Betrag für meine Oma und auf etwas mehr als zwanzig DM für den Redakteur Puhlmann.

22 » ... manchmal aber störend übereifrig«

Man sollte denken, dass Eigenschaften eines Kindes wie Wissbegierde, Eifer und Ehrgeiz den Erwachsenen und speziell den Lehrerinnen und Lehrern willkommen sind und eher Lob als Tadel auslösen. Ich glaube, dass ich über diese Eigenschaften verfügte – aber zusammen mit meinem sanguinischen Temperament ergaben sie offenbar bisweilen eine toxische Mischung, die Kritik bis zur Empörung erregte. Das vermeintlich Positive drehte ins Negative und wurde mit Bezeichnungen wie altklug, vorlaut oder naseweis bedacht.

Noch vor meiner Einschulung führte dies zu Konflikten mit dem SPAR-Kaufmann Behrends in der Bismarckstraße, bei dem ich ein guter, offenbar aber auch schwieriger Kunde war. Zu dieser Zeit gab es in Lebensmittelgeschäften, abgesehen von Konserven in Dosen und Gläsern, kaum etwas, was bereits abgepackt war. Mehl, Zucker, Butter und Margarine, auch Kaffee, mussten gewogen und in Tüten gefüllt oder in Papier gewickelt werden, was nicht nur im Zusammenhang mit der Standardfrage »Darfs ein bisschen mehr sein?« zu kognitiven Dissonanzen zwischen Kunden und Verkäufern führen konnte. Wenn ich in einer solchen Situation einen Satz mit »Ich dachte ...« begann, schnauzte Behrends mich an: »Du sollst nicht denken, du sollst *nach*-denken. Das Denken überlass mal den Pferden, die haben einen größeren Kopf!« Obwohl mich dieser Ratschlag kaum überzeugte, traute ich mich dann in der Regel nicht mehr, meine Meinung mit Nachdruck zu vertreten, auch wenn ich mich im Recht fühlte, zumal ich befürchten musste, dass andere Kunden sogleich die Partei des Kaufmanns ergreifen würden. (Den Spruch mit den Pferden konnte man damals häufiger hören.)

Auf der Grundschule hatte sich nach einiger Zeit auch im

Lehrerkollegium herumgesprochen, dass ich »anstrengend« sein konnte. Ich hatte zwar die ganzen vier Jahre lang dieselbe Klassenlehrerin, Fräulein Bergann, die mir in Betragen immer nur die Note »gut« gab, dies aber durch ein Lob in der zweiten Kopfnote »beteiligt sich führend am Unterricht« teilweise wieder wettmachte. Aber in dem kleinen Kollegium und insbesondere unter den Rektoren und Konrektoren, die ja auch die Zeugnisse unterschrieben, sprachen sich manche Auffälligkeiten aus den Klassen herum.

So kannte mich auch der Konrektor Gyllensvärd, der im Ruf stand, sich nicht zu überarbeiten (er bildete das Pendant zu seiner Ehefrau Mally, die in Rendsburg als umtriebige Präsidentin des Roten Kreuzes wohlbekannt war), der uns einmal vertretungsweise unterrichtete. Ich weiß nicht mehr, womit ich seinen Zorn erregte, jedenfalls wandte er sich plötzlich an die Klasse und beschwerte sich: »Dieser Heilmann ist nicht schlau, der ist überschlau!« Und »überschlau« war für ihn offenbar etwas Verbotenes oder gar Gefährliches.

In der ersten Klasse auf dem Gymnasium steigerte sich das »beteiligt sich führend am Unterricht« dann auch noch ins Negative. Unser Klassenlehrer »Fiete« Bauch schrieb mir unter »Beteiligung am Unterricht« ins Halbjahreszeugnis: »sehr gut, manchmal aber störend übereifrig«. Damit hat er mir die Freude über die unerwarteten Noten in Mathematik und Englisch gründlich verdorben.

Ich weiß nicht, ob ich mich gebessert habe oder ob sich die Lehrer an mich gewöhnten – einen ähnlichen Tadel gab es dann zum Glück nicht mehr.

23 Fußball – der RTSV

Schon mit vier Jahren habe ich angefangen, Fußball zu spielen, obwohl ich niemanden in der Familie hatte, der mich dazu animierte – keinen großen Bruder, keinen Vater oder Großvater. Der real existierende Teil meiner Familie war total desinteressiert, wenn nicht sogar Fußball-feindlich eingestellt. Also musste ich bei den anderen Jungen in der Straße darum betteln, mitspielen zu dürfen, obwohl ich – ein denkbares Entrée – nicht einmal einen Ball mitbrachte. Ich hatte bei diesen Spielen allerdings auch nie eine Chance, Fritz Walter oder Uwe Seeler zu sein.

Mit etwa sechs Jahren begann ich, mich für Vereinsfußball zu interessieren – die Sportseiten der Tagespost waren ja voll mit Bildern und Berichten über die Spiele der »Heimmannschaften« Rendsburger TSV, FT Eintracht Rendsburg, Büdelsdorfer TSV. Auch Mannschaften wie Vineta Audorf, Osterrönfelder TSV und FT An der Eider wurden beachtet. Zu dieser Zeit spielte der BTSV in der Amateurliga, der RTSV eine Klasse tiefer in der Bezirksliga. Ich war Mitglied in der Turnabteilung des RTSV (obwohl ich viel lieber bei den Jüngsten, den »Knaben«, oder später bei den »Schülern« Fußball gespielt hätte) und betrachtete schon deshalb den RTSV auch im Fußball als meinen Verein.

Die erste Mannschaft trug ihre Heimspiele sonntags um 14 Uhr auf dem Tribünensportplatz an der Nobiskrüger Allee aus. Daher hatte mein typischer Sonntag schon bald den folgenden Verlauf: Nach dem Frühstück um 11 Uhr Kindergottesdienst in der Baracke am Röhlingsweg, anschließend Mittagessen und danach alle zwei Wochen zum RTSV. Natürlich war es undenkbar, für den Besuch von Fußballspielen 30 oder 50 Pfennige auszugeben. Daher musste ich mich damit begnügen, die erste Halbzeit durch die Büsche oberhalb eines Knicks, der den Platz zur Straße hin auch optisch abgrenzen sollte, zu verfolgen und darauf zu warten, dass in der Halbzeitpause das Tor geöffnet wurde und man kostenlos den Platz betreten konnte.

Mein Respekt vor den Spielern war groß, und ich stellte mich nach dem Abpfiff immer an der Stelle auf, an der sie den Platz verließen, um sie aus der Nähe zu bewundern. (Dass ich als Achtzehnjähriger für ein Jahr tatsächlich selber auf diesem Platz gegen Mannschaften wie Holstein Kiel, SV Friedrichsort oder TSV Plön spielen würde, war völlig außerhalb meiner Vorstellung.) Ich lernte bald die Namen der Spieler kennen und erinnere die meisten bis heute – Siegbert Zeruhn, der Mittelläufer, Kapitän und Elfmeterschütze, Gottwald, der rechte Verteidiger, »Schlicky« Schley, der Rechtsaußen, die Torhüter »Ottsche« Föh und Grieger …

Während des Spiels stellte ich mich gern neben Peter Rußmann, einen jungen Mann aus der Bastion, dessen markige Kommentare mir imponierten. Einmal übertraf er sich selbst: Der RTSV spielte gegen den Eckernförder SV und lag zur Halbzeit überraschend mit 0:3 zurück. Dann begann eine Aufholjagd, die bis kurz vor Schluss zum 2:3 führte. Ich hatte mich schon mit einer knappen Niederlage abgefunden, da gab es einen Eckball, und Peter Rußmann sagte: »Und nun Wulle Jöhnk Kopfball, 3:3!« Wulf Jöhnk war ein langer Mittelfeldspieler, der an der Herderschule Abitur gemacht hatte, als ich in der Sexta war – und es passierte tatsächlich: Der Eckball, von »Ulein« Picht getreten, flog in den Strafraum, und Jöhnk wuchtete die Kugel zum umjubelten 3:3 ins Netz.

Der Jurist Jöhnk ging später in die Politik, wurde Staatssekretär in Kiel, scheiterte aber 1981 infolge einer Intrige mit seiner Kandidatur für das Amt des Rendsburger Bürgermeisters.

An Sonntagen, an denen der RTSV ein Auswärtsspiel hatte, führte mich am späten Nachmittag mein Weg zum Gebäude der Landeszeitung. In den Schaufenstern, in denen die Zeitungsseiten ausgestellt waren, gab es dann nämlich einen kleinen zusätzlichen Aushang, auf dem die Ergebnisse der Bezirksliga vom Nachmittag mitgeteilt wurden. Bis zum nächsten Morgen wollte ich darauf nicht warten.

24 Kirmes-Boxen

In Rendsburg fand zweimal jährlich der Jahrmarkt statt – zunächst auf dem Paradeplatz, dann zog man – wie die Zirkusse auch – auf den großen Platz neben der Nordmarkhalle um. Die Veranstaltung dauerte jeweils etwa zwei Wochen und bot alles, was man in der damaligen Zeit von einer Kirmes oder einem Rummel erwartete – diverse Karussels, eine Selbststeuerbahn, Berg- und Talbahnen, Schiffsschaukeln, Losbuden und natürlich zahlreiche Stände mit Süßigkeiten, Speiseeis oder Bratwürsten. Es gab auch »Marktschreier«, die z. B. Porzellanfiguren oder Grünpflanzen zu angeblich sensationell niedrigen Preisen verkauften: »Dieses bezaubernde Hündchen kostet keine zehn, keine neun, keine acht Mark, nein, ich verschenke es für sieben Mark und lege dann noch dieses niedliche kleine Püppchen dazu!« Der Rendsburger Jahrmarkt zog auch viele Besucher aus den benachbarten Gemeinden an.

Gelegentlich hatte der Jahrmarkt eine besondere Attraktion – eine »Bude«, in der Faust- oder Ringkämpfe ausgetragen wurden, wobei der besondere Reiz darin bestand, dass Männer aus dem Publikum aufgefordert wurden, gegen einen der Matadoren des Hauses anzutreten und im Falle eines Sieges sagenhafte fünfzig oder gar hundert Mark zu gewinnen (der Schein wurde dabei stolz präsentiert).

Manche Jahrmarktsleute hatten Kinder im schulpflichtigen Alter, die mit den Eltern herumreisten und, wenn der Jahrmarkt lange genug in einer Stadt gastierte, auch für diese Zeit eine Schule besuchten. Während der Jahre, in denen ich in der Bismarckstraße wohnte, kam einmal ein Junge vom Jahrmarkt in meine Klasse, und ich wurde beauftragt, ihn zu betreuen – ihn auf dem Schulweg zu begleiten und ihm gegebenenfalls mit dem Schulstoff ein wenig zu helfen.

Die Familie dieses Jungen betrieb ein Catcherzelt, und so kam ich unverhofft zu dem Vergnügen, bei einem der dort veranstalteten Kämpfe zuzuschauen.

Es begann vor dem Zelt. Auf einem kleinen Podium stand der »Direktor« (der Vater meines Mitschülers) und pries den neben ihm stehenden, in einen leicht gammeligen Bademantel gehüllten untersetzten Mann mit einer langen Löwenmähne als »Zigulinoff, den mehrfachen bulgarischen Meister im Freistilringen«, an. Zigulinoff schüttelte sich und entblößte dabei seinen Unterleib, der in einem vergleichsweise winzigen Höschen mit Leopardenfellmuster steckte. Sodann wurde ein Betrag von fünfzig Mark demjenigen in Aussicht gestellt, der es schaffte, Zigulinoff in einem Kampf über drei Runden zu je drei Minuten zu besiegen. »Alle Griffe sind erlaubt.«

Nach mehrfacher Aufforderung meldete sich tatsächlich ein Freiwilliger, und es wurde verkündet, dass der Kampf in wenigen Minuten beginnen würde, Eintrittskarten seien an der Kasse zu erwerben. Zigulinoff und sein Gegner verschwanden, und das Zelt, in dessen Mitte eine Art Boxring stand, füllte sich rasch mit Schaulustigen (ich glaube, der Eintritspreis betrug 2 DM). Unter großem Tamtam betraten dann die Kämpfer und der Ringrichter (wieder der Direktor) den Ring.

Zigulinoff trug nur noch sein Leopardenhöschen, der Herausforderer hatte lediglich seinen Oberkörper entblößt und trug weiterhin eine lange Hose. Mit dem schrillen Läuten einer Glocke wurde der Ring zum Kampf freigegeben. In der ersten Runde passierte noch nicht viel – die Kämpfer belauerten einander, und nur gelegentlich versuchte einer der beiden, den Gegner durch einen Griff oder eine Umklammerung zu Boden zu bringen. In der zweiten Runde wurde der Kampf lebhafter, und tatsächlich gelang es dem Herausforderer kurz vor Ende der Runde, Zigulinoff zu Boden zu werfen und dort in den Schwitzkasten zu nehmen. Zigulinoff strampelte und schrie so etwas wie »Kamerad« mit wild rollendem »r«, als wolle er einen Freund zum Aufhören bewegen, und der Ringrichter begann zu zählen »zehn, neun, ...«, wobei er bei jeder Zahl auf den Ringboden klopfte, doch als er bei »drei« war, ertönte die Glocke, und es ging in die zweite Kampfpause.

In der letzten Runde war Zigulinoff offenbar mit seinen Kräften am Ende. Er leistete nur noch geringen Widerstand, und als der Gegner ihn gegen Ende der Runde umstieß, blieb er liegen und wurde ausgezählt. Der Direktor zog den Fünfzig-Mark-Schein aus der Tasche und übergab ihn unter dem Gejohle und Gepfeife des Publikums dem Sieger.

Als ich am nächsten Tag meinen neuen Freund zur Schule abholen wollte und alle Buden und Fahrgeschäfte noch dunkel und geschlossen waren, musste ich auch bei der Catcherbude anklopfen. Es öffnete mir – der Mann, der am Vortag als Freiwilliger den großen Zigulinoff besiegt hatte.

25 Die Herderschule

Zur Zeit meines Wechsels von der Volks- auf die Oberschule (wie es damals hieß) gab es in der Stadt (und im Kreis) Rendsburg nur zwei Gymnasien, die Helene-Lange-Schule für Mädchen und die Herderschule für Jungen. Einen gymnasialen Zweig mit Latein als erster, Englisch als zweiter und Griechisch als dritter Fremdsprache gab es nur an der Herderschule. Mädchen, die diese Richtung wählten, mussten (oder durften) auch die Herderschule besuchen; das waren damals nicht mehr als etwa ein halbes Dutzend in allen Klassen zusammen. (Einige davon kamen erst in höheren Klassen an die Schule, weil ihre Familie nach Rendsburg umgezogen war.) Der Schulleiter, Oberstudiendirektor Dr. Robert Baginski, warb massiv für den gymnasialen Zweig, obwohl er selber Mathematiker war.

Einige Anhänger nannten diese Richtung auch »humanistisch« und begründeten ihre Präferenz damit, dass sie ihre Kinder oder ihre Schüler zu Humanisten erziehen wollten. In meinem Fall überwog das Argument, dass ich möglichst frühzeitig »lebende« Sprachen erlernen sollte. Daher wählte ich auch als zweite Fremdsprache französisch (ab der Quarta) und bekam Latein erst in der Obertertia, behielt es aber – anders als französisch – bis zum Abitur, in dem mir auf Grund meiner Note sogar das »Große Latinum« zuerkannt wurde, eine kleine Ironie der Fächerwahl.

Stellvertreter des Direktors war der Studiendirektor Hans Rüschmann, auch Mathematiker, ein politischer Kopf und begnadeter Strippenzieher. Sein Einfluss war so groß, dass seine Tochter die Herderschule besuchen durfte, obwohl sie gar nicht den gymnasialen Zweig gewählt hatte. In dem etwa vierzigköpfigen Lehrerkollegium gab es nur zwei oder drei Oberstudienräte, alle anderen Lehrer waren Studienräte, Studienassessoren oder -referendare, manche auch Lehrbeauftragte (z. B. in den Fächern Religion, Werken und Zeichnen). Diese Pyramide der Ränge, Titel und Besoldungsklassen hat sich seitdem gründlich verändert.

Die Herderschule litt in den fünfziger Jahren, als die Schülerzahl auf über 800 anstieg, unter großer Raumnot. Daher gab es Schichtunterricht, und manche Schulveranstaltungen mußten in anderen Gebäuden durchgeführt werden, z. B. Teile des Sportunterrichts in einer Halle der Eiderkaserne. Erst 1960 wurde der erste Teil eines Neubaus auf dem Stadtseegelände fertig, und der Schichtunterricht konnte abgeschafft werden. Da die Aula – wo der Musikunterricht stattfand – und die Sporthalle aber zunächst im Altbau blieben und weil es Fächer gab, bei deren Unterricht Schüler aus mehreren Klassen zusammengefasst wurden, waren viele Klassen zu Wanderungen zwischen beiden Gebäuden gezwungen.

Bei meiner Einschulung im April 1959 gab es keine Feier. Alle neuen Schüler versammelten sich in der schmucklosen Aula und wurden in drei Sexten eingeteilt – VI a/g bei Fritz Buttgereit, VI b bei Helmut »Nick« Vödisch und VI c bei Dr. Johannes »Fiete« Bauch. Das war eine zu dieser Zeit typische »Rendsburger Mischung«: Buttgereit war Ostpreuße, Vödisch Sachse (was seinem Englischunterricht nicht gutgetan hat) und Bauch der einzige gebürtige Rendsburger.

Zu meinem Entsetzen kam aus meiner Grundschulklasse nur Vollrad von Lützau zusammen mit mir in die VI c, die anderen, insbesondere mein Freund Peter Seidler, waren in der VI a/g. (Und von Lützau verließ wegen eines Umzugs seiner Eltern in eine andere Stadt schon bald die Herderschule.) Wegen des Schichtunterrichts (und der späteren Aufteilung Altbau/Neubau) war das nicht nur ärgerlich, sondern für mich eine kleine Katastrophe.

Unser Klassenlehrer Dr. Bauch unterrichtete uns in den

Fächern Mathematik und Erdkunde. Später, ab der Obertertia, war Dr. Bauch bis zum abschließenden Vorabitur auch mein Lehrer in Mathematik und Physik. Er war streng, bisweilen kleinlich, aber sein Unterricht gefiel mir gut. Er hielt sich allerdings auch genau an die Lehrbücher – am Anfang Lambacher-Schweizer, später Reidt-Wolff.

Als ich während der Anfangszeit meines Studiums Nachhilfeunterricht in Mathematik gab, lernte ich moderne Lehrbücher kennen, die sehr viel früher das abstrakte Denken förderten. Mir hätte das zu Beginn meines Mathematikstudiums sehr geholfen.

In Deutsch und Religion bekamen wir den Lehrer Egon K., streng bis zur Brutalität: Er strafte, indem er sein Opfer als »Kommodenfuß« beschimpfte, mit spitzen Fäusten malträtierte und, besonders perfide und schmerzhaft, an den Schläfenhaaren zog und diese dabei verdrehte. Sein Weltbild war höchst konservativ, er schwärmte von der ländlichen »Scholle« und begann fast alle Übungen in Syntax und Grammatik mit dem Ausgangssatz »Mein Vater ist Landwirt«. Wir mussten sehr viele Gedichte (und in Religion Kirchenlieder) auswendig lernen, und dabei gab es auch für mich eine – zum Glück vergleichsweise milde – Strafe: Wir sollten im Lesebuch (Titel »Lebensgut«) Uhlands Gedicht »Der wackere Schwabe« aufschlagen, und als ich die betreffende Seite gefunden hatte, begann ich sofort, den Text mit einer kleinen Verfremdung halblaut zu lesen: »Als Kaiser Schwarzbart lobesam ...« Für K. war das strafwürdig, und er verurteilte mich dazu, das ganze Gedicht, immerhin sechs Strophen mit bis zu zwölf Zeilen, bis zur nächsten Deutschstunde abzuschreiben.

In Englisch hatten wir eine freundliche, aber resolute Lehrerin namens Ingeborg Doose, die jeden Schultag von Schleswig nach Rendsburg und zurück mit dem Zug fuhr. Sie verwendete viel Zeit und Mühe darauf, uns mit der Lautschrift vertraut zu machen – manche Schüler und Eltern hatten anfangs schon Sorge, wir würden nie zu »richtigem« Englisch übergehen. Sie ließ sich schon bald an eine Schule in Schleswig versetzen, und danach durchliefen wir eine Reihe von Englischlehrern mit immer kürzeren Verweilzeiten – die Herren K., T. und S. –, was sich auf den Unterricht kaum positiv auswirkte.

Wenig Gutes lässt sich über den Lehrer Dr. Detlef H. berichten, den wir – seltene Fächerkombination – in Biologie und Geschichte hatten. H. war, wie man in Norddeutschland sagt, ein wenig tüddelig. Ich hätte nicht gezögert, ihn senil zu nennen, wenn ich den Ausdruck damals schon gekannt hätte. H. war offensichtlich in Folge seines Kriegseinsatzes im Westen nachhaltig geschädigt. Er unterbrach immer wieder den Unterricht, um seine – angeblichen – Kriegserlebnisse zu erzählen. Grotesker Tiefpunkt seiner Schilderungen war es, wenn er, kaum glaublich, »belgische Toilettenhäuschen« an die Wandtafel zeichnete. Immerhin konnte er recht gut zeichnen, weswegen ich im Biologieunterricht diverse Darstellungen des Buschwindröschens kennenlernte. Andere Kenntnisse fehlten mir aber massiv, als ich in der Quarta zu einem Biologielehrer (Cornelius Augustin) kam, der ganz andere Anforderungen stellte.

Ein besonderes Hobby fast aller Lehrer in der Sexta waren die Aufgabenhefte. In diese sollten die Schüler alle erteilten Hausaufgaben eintragen. Die Erfüllung dieser Pflicht wurde von einigen Lehrern, darunter Dr. Bauch, streng überwacht. Wenn er den Eindruck hatte, ein Schüler hätte womöglich diesen Eintrag nicht vorgenommen, ließ er sich das Heft zeigen, und wenn die Angabe dann wirklich fehlte, gab es grobe Worte, und das Heft wurde entweder auf den Tisch oder sogar auf den Fußboden geknallt.

Von den ca. dreißig Schülern, die in der Sexta und Quinta diese harte Schule durchliefen, hat am Ende ein knappes

Dutzend — z. T. nach Absolvierung einer »Ehrenrunde« — erfolgreich das Abitur an der Herderschule abgelegt. Rüdiger Hornig ist der einzige Schulkamerad, der von der Sexta bis zum Abitur immer in derselben Klasse wie ich war. (Sein Vater Heinz Hornig arbeitete als Karikaturist für die Tagespost/Landeszeitung.)

26 Der Zirkus kommt!

In meiner Kindheit kamen häufig Zirkusse nach Rendsburg –
nach meiner Erinnerung in fast jedem Jahr mindestens einer.
Anfangs schlugen sie ihre Zelte auf dem Paradeplatz auf, der
wegen seiner zentralen Lage natürlich ideal war. Nach Mitte
oder Ende der fünfziger Jahre wechselten sie zu der großen
Freifläche neben der Nordmarkhalle, die heute Willy-Brandt-
Platz heißt.Dort war die Nähe zum damaligen Güterbahnhof
natürlich logistisch günstig. Sie hießen Krone, Hagenbeck,
Althoff oder Sarrasani, und in ihren Vorstellungen konnte
man Artisten, Clowns und vor allem exotische Tiere bewundern. Außerdem boten sie eine Tierschau. Dort waren meist
auch Tiere zu sehen, die nicht in den Vorstellungen auf-
traten, z. B. Lamas oder Giraffen und manchmal sogar ein
Nashorn. Für mich war der Besuch einer Zirkusvorstellung
immer ein ganz besonderes Ereignis.

Amerika schien damals auch in Bezug auf Zirkusse das
»Land der unbegrenzten Möglichkeiten« zu sein: Manchmal
las man in der Zeitung etwas über das Unternehmen »Ring-
ling Bros. and Barnum & Bailey Circus« mit einem giganti-
schen Zelt, das drei Manegen umfasste. Irgendwann kam
auch nach Rendsburg ein Zirkus, der immerhin über zwei
Manegen verfügte, ich glaube, er nannte sich Circus Williams
(obwohl es ein deutscher Zirkus war).

Die besonderen Attraktionen des jeweiligen Programms
waren Stadtgespräch. Hierzu zählten insbesondere die
Raubtierdressuren. Einmal hatte ein Zirkus den interna-
tional bekannten Raubtierdompteur Charly Baumann im
Programm, der eine bis dahin nicht bekannte Nummer vor-
führte: Er steckte seinen Kopf in das aufgerissene Maul eines
Löwen oder eines Tigers. Ein Nachbarsjunge, der etwas älter
war als ich und gern mit abenteuerlichen Geschichten auf-

wartete, beschrieb dies mit einem Schaudern in der Stimme und den abschließenden Worten »Charly Baumann steht doch immer mit einem Bein im Grab!«

In einem Jahr wurde ein bis dahin in Rendsburg nicht aufgetretener Zirkus angekündigt, der Circus Roland. Von unserem Haus in der Bismarckstraße waren es nur ein paar Schritte bis zum Platz neben der Nordmarkhalle, und ich hatte Zeit, die Vorbereitungen für den Aufbau des Hauptzeltes und der Nebenzelte für die Tiere zu beobachten. Am Nachmittag vor der abendlichen Premiere wurden die letzten Aufbauarbeiten verrichtet. Da der Zaun um das Zirkusgelände noch nicht erstellt worden war, konnte ich bis an den Rand des großen Zeltes herangehen. Dort waren nur noch die Bank- und Stuhlreihen aufzustellen und einige begrenzende Platten anzubringen, und um nicht nur herumzustehen, beteiligte ich mich an diesen Arbeiten. Niemand fragte, wer ich sei, und es hinderte mich auch keiner an meiner Mithilfe. Dann wurde der Zaun aufgestellt – und ich befand mich immer noch innerhalb des Zirkusgeländes.

Es mochte inzwischen etwa 19 Uhr sein, eine Stunde vor Beginn der Premierenvorstellung. Warum sollte ich mir nicht einfach als Belohnung für meine Mitarbeit einen Teil der Vorstellung anschauen? Natürlich wusste ich, dass meine Oma mit dem Abendbrot warten würde, aber andererseits kam es an langen Sommerabenden gelegentlich vor, dass ich auch unangekündigt erst später nach Hause kam.

Das Zelt füllte sich allmählich. Ich fand einen Platz neben den nach hinten ansteigenden Bankreihen, wo ich stehen und zur Manege schauen konnte, ohne besonders aufzufallen. Die Vorstellung begann. Als dritte oder vierte Nummer im Programm gab es etwas, was ich danach noch bei vielen Zirkusvorstellungen gesehen habe. Ein Esel wurde in die Manege geführt und ein Preis für denjenigen ausgelobt, der es schaffte, einmal rund um die Manege auf dem Esel zu reiten, ohne hinunterzufallen oder abgeworfen zu werden. Zunächst meldete sich niemand. Der Ansager appellierte an den Mut der Besucher und erinnerte an den ausgesetzten Preis – da entstand vorn in einer Loge eine kurze Unruhe, dann versuchte ein Mann, über den Rand der Loge in die Manege zu steigen, wurde aber von einer Frau daran gehindert, die ihn festhielt und mit einer Handtasche und einem Regenschirm auf ihn einschlug. Schließlich schaffte es der Mann, in die Manege und zu dem bereitstehenden Esel zu gelangen. Dort wurde er an ein von oben herabhängendes Seil gebunden und auf den Rücken des Esels gehoben.

Natürlich hielt es ihn keine Sekunde auf dem Rücken des Tieres, vielmehr schwebte er an dem Seil durch die Manege, und das laute Gelächter des Publikums steigerte sich, als ihm dabei auch noch die Hose herunterrutschte.

Ich war noch gutgläubig genug, um nicht zu durchschauen, dass es sich bei dem Paar um Mitarbeiter des Zirkus Roland handelte.

Es sollte nun eine Pferdedressur gezeigt werden, aber die konnte ich nicht mehr anschauen, denn es gab eine Bewegung beim Haupteingang, und es erschien – meine Mutter, die sich suchend umsah. Da im Publikum wegen der vorhergehenden Nummer noch geredet und gelacht wurde, konnte ich, ohne allzu viel Unruhe zu stiften, zu ihr gelangen. Wir verließen sofort das Zelt, aber das gewaltige Donnerwetter, das ich nun erwartete, blieb zu meiner großen Überraschung aus. Auch meine Oma zu Hause äußerte ihren Unmut nur durch ein heftiges Kopfschütteln und die eher rhetorische Frage, warum ich denn nicht rechtzeitig Bescheid gesagt hätte. Ich durfte einige Tage darauf sogar ganz offiziell mit Eintrittskarte in die Nachmittagsvorstellung gehen und diese bis zum Ende genießen.

Die große Zeit der Zirkusse in Deutschland ist leider vorbei. Viele der damaligen Unternehmen existieren nicht mehr oder haben fusioniert, der Circus Roland mit dem Circus Busch zum Circus Busch-Roland. Mit Rücksicht auf den Tierschutz und aus Kostengründen sind viele Dressuren entfallen. Es sind aber auch neuartige Zirkusunternehmen entstanden, z. B. der Circus Roncalli des Österreichers Bernhard Paul und der Cirque du Soleil aus Kanada.

27 Der große Fußball (1) – die WM 1958

In einem religiösen Zusammenhang würde man von einem Erweckungserlebnis sprechen – hier geht es aber nur um Fußball. Meine große Begeisterung für die »schönste Nebensache der Welt« entstand 1958, mit der Weltmeisterschaft in Schweden. Wir hatten kein Fernsehgerät, und es wurden auch gar nicht alle Spiele – nicht einmal die der deutschen Mannschaft – im Fernsehen übertragen, aber das Wenige, was ich von dieser WM sehen konnte (und was Ich später in diversen Büchern nachlas), reichte aus, um mich »nachhaltig« zu faszinieren.

Es war eine kleine WM, nur sechzehn Mannschaften nahmen teil, und viele »große« Fußballnationen hatten sich überhaupt nicht qualifiziert: Italien, Spanien, Portugal, Uruguay. Dafür waren, einmalig in der WM-Geschichte, alle vier britischen Verbände vertreten: England, Wales, Schottland und Nordirland. Der Titelverteidiger Deutschland spielte in einer Vorrundengruppe mit Argentinien, Nordirland und der Tschechoslowakei. WM-Favorit war Brasilien, Argentinien, das auch Fachleute nur schlecht einzuschätzen vermochten, galt als Geheimtipp.

Das Eröffnungsspiel des Weltmeisters Deutschland gegen Argentinien fand am Nachmittag eines Wochentages statt und wurde im Fernsehen übertragen. Die einzige Familie im Hause Bismarckstraße 19, die über einen Fernseher verfügte – die Antenne auf dem Hausdach kündete davon – , waren die Runges. Vater Runge spielte regelmäßig im Fußballtoto, das damals viel populärer als das Zahlenlotto war, und hatte bereits zweimal einen größeren Gewinn erzielt. Beim ersten Mal wurde ein Fernseher angeschafft, damals ein Luxus, und den zweiten Gewinn investierte man in ein Rennrad für den jüngeren Sohn, der damit auch tatsächlich

Rennen fuhr, allerdings genauso erfolglos wie der unverdrossene Mickey in dem Film »Ein mörderischer Sommer«.

Ich musste nach Rückkehr aus der Schule und dem Mittagessen alle meine Überredungskunst aufwenden, um die Erlaubnis zu bekommen, bei Runges zu klingeln und zu fragen, ob ich das Spiel sehen könne. Frau Runge war höchst überrascht, mich vor ihrer Tür zu sehen, und noch mehr über mein Anliegen, aber sie schaltete gleich den Fernseher an, der nach dem damals üblichen Geflimmere auch sofort die Bilder aus Malmö zeigte (es gab ja nur ein Fernsehprogramm). Die lange Bettelei bei meiner Oma hatte aber die traurige Folge, dass ich das erste Tor bereits verpasst hatte – und noch trauriger war, dass es der argentinische Rechtsaußen Corbatta war, der bereits in der zweiten Minute den deutschen Torhüter Herkenrath überwunden hatte. Doch durch zwei Tore von »Boss« Helmut Rahn und eins von Uwe Seeler gewann die deutsche Mannschaft am Ende mit 3:1, und ich war restlos begeistert.

Das zweite Gruppenspiel gegen die Tschechoslowakei (2:2) wurde gar nicht im Fernsehen übertragen (die Presse sprach davon, dass die deutschen Spieler sich schrecklich blamierten, weil sie sich bei der Begrüßung durch den schwedischen König Gustav VI. Adolf nicht angemessen verneigt hatten – große positive Ausnahme: Fritz Walter). Das dritte Vorrundenspiel gegen Nordirland musste die Entscheidung darüber bringen, ob die Deutschen sich für das Viertelfinale qualifizieren würden. Teile dieses Spiels konnte ich infolge eines großen Zufalls völlig unerwartet verfolgen.

In der Gemeinde Fockbek bei Rendsburg gab es ein weithin bekanntes Lokal, den »Gasthof am See«, der berühmt war für seine Eistorten und den Aal in Gelee (die Fockbeker waren auch als »Aalversuper« verrufen.) Davon hielt nichts einer Überprüfung stand – der Gasthof lag nicht am See (man konnte den Fockbeker See vom Gasthof aus nicht einmal sehen), die Eistorte bestand zu drei Vierteln aus trockenem Baiser, und beim fetten Aal überwog bei weitem das wabbelige Gelee.

Aber der Gasthof hatte einen kleinen Nebenraum, und in dem hatte der Wirt Fritz Petrat (bekannt als »der Schwatte«) aus Anlass der WM einen Fernseher aufgestellt. Als ich an diesem Nachmittag – es war Sonntag, der 15. Juni 1958, – mit meiner Familie auf einem der üblichen Ausflüge zum »Gasthof am See« kam, drängten sich in dem Nebenraum die männlichen Gäste, ein Glas Bier in der einen und eine Zigarette in der anderen Hand, um das Spiel Deutschland gegen Nordirland zu verfolgen. Ich musste noch viel energischer drängen, um einen Platz zu erobern, von dem aus ich einen Blick auf den ziemlich kleinen Fernseher werfen konnte.

Insgesamt habe ich nicht sehr viel von diesem Spiel mitbekommen, zumal der Rest der Familie seinen Schmaus schon beendet hatte, bevor das Spiel abgepfiffen worden war, und gnadenlos darauf bestand, umgehend den Rückweg zur Bushaltestelle anzutreten. Aber ich hatte einige Szenen mit dem herausragenden nordirischen Keeper Harry Gregg gesehen (dem »Mann mit dem gelben Sweater«, wie es in den nächsten Tagen in der Zeitung hieß), und war beunruhigt, weil Nordirland zu diesem Zeitpunkt mit 2:1 führte (Uwe Seeler schoss dann noch das 2:2, und die deutsche Mannschaft war Gruppensieger).

Welche Spiele des Viertel- und Halbfinales ich gesehen habe, weiß ich nicht mehr – auf alle Fälle wohl das skandalöse Halbfinalspiel Schweden gegen Deutschland –, aber an das Finale Schweden – Brasilien erinnere ich mich bestens, denn die Brasilianer zeigten »Fußball von einem anderen Stern«. Es war auch der erste große Auftritt des damals siebzehnjährigen Edson Arrantes do Nascimento alias Pelé, der maßgeblichen Anteil am 5:2-Sieg seiner Mannschaft hatte.

Die Namen der elf Spieler dieser Weltmeistermannschaft habe ich bis heute noch genauso im Kopf wie die der »Helden von Bern«.

28 Der große Fußball (2) – Eintracht Frankfurt als deutscher Meister im Europapokalendspiel 1960

Vor der Gründung der Fußball-Bundesliga im Jahre 1962 wurde der deutsche Meister in einer Endrunde der Spitzenteams der Fußball-Oberligen ermittelt. Im Jahr 1959 qualifizierten sich überraschend zwei Mannschaften aus der Oberliga Süd, Eintracht Frankfurt und Kickers Offenbach, für das Endspiel im Berliner Olympiastadion, das damit den Charakter eines Lokalderbys hatte.

In beiden Mannschaften spielten großartige Fußballer – mit Richard Kreß und Berti Kraus sogar die beiden Nachfolger von Helmut Rahn auf der Rechtsaußenposition der Nationalmannschaft. Mehrere Spieler, z. B. Alfred Pfaff und Hermann Nuber, hätten in den fünfziger und frühen sechziger Jahren mit Sicherheit eine glänzende Karriere in der Nationalmannschaft erlebt, wenn ihnen nicht andere, noch bessere, z. B. Fritz Walter, vorgezogen worden wären. Bei den Frankfurtern spielte auch ein Ausländer, damals eine große Seltenheit in Deutschland, der glänzende Techniker István Sztani aus Ungarn.

Das spannende und weitgehend ausgeglichene Finale stand nach neunzig Minuten 2:2 unentschieden und am Ende der Verlängerung 5:3 für die Eintracht. Damit hatten sich die Frankfurter für den Europapokal der Landesmeister qualifiziert. Ich habe dieses Spiel an einem Sonntag Nachmittag (also zum Glück nicht in Konkurrenz zum eigenen Spielen am Samstag) bei meinem Freund Peter Seidler mit großer Begeisterung im Fernsehen verfolgt.

Den Fußball-Europapokal der Landesmeister gab es seit der Saison 1955/56, und jeden dieser Titel hatte bis dato Real Madrid gewonnen. Die deutschen Meister waren stets sehr früh ausgeschieden. Eintracht Frankfurt überstand die Qualifikation kampflos und setzte sich dann gegen die Young Boys Bern und den Wiener SK durch. Im Halbfinale hieß der scheinbar übermächtige Gegner Glasgow Rangers, aber die Frankfurter erreichten durch zwei klare 6:1- und 6:3-Siege sensationell das Endspiel gegen den Serien-Sieger Real Madrid, das im Mai 1960 vor 135.000 Zuschauern im Hampden-Park in Glasgow stattfand.

Wieder schien sich eine Sensation anzubahnen, denn die Eintracht ging in der 18. Minute durch Richard Kreß mit 1:0 in Führung. Doch dann drehten die Madrilenen auf, und am Ende stand es 7:3 für Real. Alfredo Di Stéfano hatte drei, Ferenc Puskás aus der ungarischen »Wundermannschaft« von 1954 gar vier Tore erzielt. Einen besseren Sturm als den 1960er von Real mit del Sol, Di Stéfano, Puskás und Gento hat es wohl nie mehr gegeben. Di Stéfano ist für mich seit dieser Zeit einer der besten Spieler aller Zeiten, auf Augenhöhe mit Pelé und Maradona, auch wenn er weder mit Argentinien noch mit Spanien je einen Titel gewann.

29 Der große Fußball (3) – Deutscher Meister 1960 HSV, Europapokalsieger 1961 Benfica Lissabon

In einem dramatischen Endspiel vor 71.000 Zuschauern im Frankfurter Waldstadion wurde der Nordmeister HSV 1960 durch einen 3:2-Sieg über den Westmeister 1. FC Köln deutscher Meister. Uwe Seeler schoss zwei Tore, das Siegtor zum 3:2 in der 86. Minute, nachdem die Kölner eine Minute zuvor den 2:2-Ausgleich erzielt hatten.

Im Europapokal der Landesmeister erhielt der HSV zunächst ein Freilos und setzte sich in den nächsten Runden gegen die Young Boys Bern und den FC Burnley (mit einem furiosen 4:1 im Rückspiel nach einem 1:3 im Hinspiel) durch. Gegner im Halbfinale war der spanische Meister CF (heute FC) Barcelona, der mit den Ungarn Kubala und Kocsis und dem Spanier Suárez einen sensationell guten Innensturm hatte. László Kubala spielte, heute undenkbar, für insgesamt drei verschiedene Nationalmannschaften: Ungarn, die Tschechoslowakei und Spanien, Kocsis gehörte 1954 zur Elf der Ungarn im Endspiel von Bern.

Das Hinspiel hatte Barcelona mit 1:0 gewonnen, im Rückspiel im Hamburger Volksparkstadion führte der HSV bis zur neunzigsten Minute mit 2:0, doch dann verkürzte Barcelona durch ein Kopfballtor von »Goldköpfchen« Sándor Kocsis auf 2:1, und es gab (nach den damaligen Regeln) ein Entscheidungsspiel. Dies gewann Barcelona mit 1:0, so dass es am 31. Mai 1961 im legendären Berner Wankdorfstadion zum Endspiel Lissabon gegen Barcelona kam. Dieses Spiel gewann nach dramatischem Verlauf mit herrlichen Toren der Außenseiter aus Portugal mit 3:2 – das war die Geburtsstunde einer großen Mannschaft, die den Triumph im folgenden Jahr mit einem 5:3 gegen Real Madrid wiederholte.

In diesem Spiel schoss der junge Star Eusébio die beiden Tore zum 4:3 und 5:3.

Ich sah das Endspiel bei meinem Klassenkameraden Rudolf Göbel, der die Frage aufwarf, ob man als Deutscher mehr mit Barcelona oder mit Lissabon sympathisieren müsste: Würde Barcelona gewinnen, dann hätte der HSV ehrenvoll gegen den späteren Pokalsieger verloren, würde Lissabon obsiegen, wäre dies eine gerechte »Rache« für das unglückliche Ausscheiden des HSV im Halbfinale. Mir fiel dazu kein schlüssiges Argument ein, was sicherlich daran lag, dass ich von dem spannenden Spiel viel zu sehr gefesselt war, um solche komplizierten philosophischen Probleme zu lösen.

30 Der große Fußball (4) – Ein Wort zu László Kubala

In den drei Partien zwischen dem HSV und dem CF Barcelona im Halbfinale des Europapokals der Landesmeister 1960/61 hat mich ein Spieler ganz besonders beeindruckt – Barças Spielmacher László Kubala. Ich wusste damals nur, dass er ungarischer Abstammung war, und wunderte mich darüber, dass er, anders als die ungarischen Stars aus der »Wunderelf« von 1954, die später nach Spanien gegangen waren (Puskás, Kocsis, Czibor), fast unbekannt war und von den Medien kaum beachtet wurde.

Vierzig Jahre später fuhr ich an einem Montag Morgen in München mit einem Taxi zum Flughafen und fragte den Taxifahrer, ob er denn am Wochenende beim FC Bayern im Olympiastadion gewesen sei. Zu meiner Überraschung antwortete er mir, dass er eigentlich nur in Barcelona ins Stadion ginge: Ein Münchener Taxifahrer geht nicht zum FC Bayern, sondern ins Camp Nou zum FC Barcelona?

Seine Erklärung war verblüffend: Er stammte aus Ungarn, gehörte aber der slowakischen Minderheit an – genau wie László Kubala, mit dem er in Budapest zur Schule gegangen und seitdem befreundet war. Und der ihn nun gelegentlich nach Barcelona einlud.

Als ich ihm erzählte, dass der Name Kubala mir durchaus ein Begriff war, fand er das wiederum unglaublich. Wir sprachen noch darüber, dass Kubala in drei Nationalmannschaften gespielt hatte (Tschechoslowakei, Ungarn, Spanien), dass ihm dabei der große Erfolg allerdings versagt geblieben war: Er gehörte nicht zum 1954er-Aufgebot der Ungarn, weil er schon 1950 nach Spanien gegangen war, und bei der Fußball-WM 1962 stand er zwar im spanischen Aufgebot, konnte aber wegen einer Verletzung nicht spielen. Der Taxifahrer erwähnte noch, dass Kubala in der Saison 1951/52 beim 9:0-Sieg von Barça gegen Sporting Gijón sensationelle sieben Tore geschossen hatte, dann waren wir am Ziel.

Kubala ist kurze Zeit später, im Mai 2002, in Barcelona verstorben.

31 »Hör mal 'n beten to«

Manche Pädagogen und Philologen vertreten die Auffassung, dass es nicht nur möglich, sondern in mehrfacher Hinsicht vorteilhaft ist, dass Kinder mehr-, mindestens aber zweisprachig aufwachsen. In meiner Umgebung gab es kein solches Kind. Die Schüler der Ejder-Skolen, der dänischen Schule an der Prof.-Koopmann-Straße, mussten aber zumindest rudimentär dänisch und deutsch sprechen.

Dennoch würde ich behaupten, dass ich in einer geradezu babylonischen Vielfalt von Sprachen, Dialekten und Mundarten aufgewachsen bin. Das ergab sich schon durch die zahlreichen Flüchtlinge und Vertriebenen, die nach 1945 nach Rendsburg gekommen waren und die ihre sprachliche Färbung zumindest in der ersten Generation nicht ablegten, sondern diese in ihrer »Community« weiter pflegten. Ich fand es faszinierend, wie unterschiedlich die Sprachmelodien, die Begriffe und Intonierungen waren, je nachdem, ob man mit Menschen aus Ostpreußen, aus Pommern, aus Schlesien oder Danzig (später lernte ich bei Günter Grass noch den umfassenderen Begriff Kaschubei) sprach.

Ich wurde von früh auf dazu angehalten, korrektes Hochdeutsch zu sprechen. Auch in der Grundschule wurde dies gefordert und gefördert, was – vergleicht man die Situation mit der heutigen – insofern nicht allzu schwer war, als alle Schüler meiner Klasse aus hochdeutsch sprechenden Elternhäusern kamen.

Es störte mich aber überhaupt nicht, wenn andere Menschen fehlerhaftes Deutsch sprachen – die Hoch-, Schrift- oder Standardsprache war für mich einfach nur eine von zahlreichen möglichen Ausdrucksformen, und bei der alltäglichen Kommunikation kam es hauptsächlich darauf an, dass jeder verstand, was gemeint war.

So verstand ich auch problemlos den RTSV-Kicker Gottwald, dem ich eines Tages in der Baronstraße, wo die Gottwalds wohnten, begegnete und der mich als regelmäßigen Besucher der RTSV-Heimspiele kannte. Gottwald war Maler, und ich hatte ihn einige Tage zuvor gesehen, als er in der Mannschaft der Maler-Innung gegen die Betriebsmannschaft der Düngerfabrik spielte. Damals hatten einige große Firmen und mehrere Innungen eigene Mannschaften, die einen Wetbewerb austrugen, der oft von der Mannschaft der Werft Nobiskrug gewonnen wurde. Ich sagte Gottwald, dass ich versuchen würde, auch zum nächsten Spiel seiner Mannschaft zu kommen. Seine Antwort: »Oder nächste Woche. Da spiel ich bei die Bäckers.« Ich wusste, dass es nicht ganz unüblich war, dass die Betriebsmannschaften sich durch Spieler »von außen« verstärkten, aber für die Dreistigkeit, innerhalb kurzer Zeit für die Malers und für die Bäckers zu spielen, hatte ich bei aller Sympathie für Gottwald kein Verständnis.

Viele Menschen in Rendsburg sprachen aber neben Deutsch doch noch eine zweite Sprache – Plattdeutsch. Meine Oma Schröder beispielsweise unterhielt sich mit ihren Freundinnen, sofern sie auch aus Rendsburg stammten, z. B. Amanda M. oder Erna B., sehr oft auf Platt oder in einer Mischung aus Hoch- und Plattdeutsch. Daher lernte auch ich, das Plattdeutsche zu verstehen und ein wenig zu sprechen. Ich hörte gern die Sendung »Hör mal 'n beten to«, die seit 1954 morgens im Rundfunk des NDR ausgestrahlt wurde, war allerdings ein wenig irritiert darüber, dass das dort gesprochene Plattdeutsch stark variierte – je nachdem, ob der Sprecher etwa Oldenburger oder Mecklenburger Platt sprach.

Als ich in der Sexta war, wurde eine kleine Weihnachtsfeier geplant, zu der auch die Eltern eingeladen werden sollten. Dabei sollte einer der Schüler ein Gedicht aus dem Wihnachtsbook von Rudolf Kinau vortragen. (Kinau war übrigens einer der ersten Sprecher von »Hör mal 'n beten to«.)

Prädestiniert hierfür waren die »Fahrschüler«, die aus den Dörfern im Kreis Rendsburg kamen und zu Hause meist plattdeutsch sprachen. Was so naheliegend war, erwies sich allerdings als schwierig: Zum einen waren nicht alle diese Schüler besonders versiert darin, Gedichte zu erlernen und auswendig vorzutragen, zum anderen, was schwerer wog, kannten die Fahrschüler das Plattdeutsche fast nur als gesprochene, nicht aber als Schriftsprache (was es im strengen Sinne ja auch gar nicht ist). So fiel schließlich die Wahl des Vortragenden überraschend auf mich. Ich war nicht glücklich darüber, sondern kam mir vor wie jemand, der sich etwas anmaßt, was ihm nicht zusteht.

Immerhin brachte ich den Vortrag beim Weihnachtsfest unfallfrei über die Bühne:

»Wihnachenobend
denn goht wi no boben,
denn pingelt de Klocken,
denn danzt de Poppen,
denn piept de Müs'
in Grooßvadder sin Hüs'.«

32 Epilog

Die hier wiedergegebenen Erinnerungen beschränken sich ganz bewusst auf meine Kindheit, reichen also bis etwa zu meinem zwölften Lebensjahr. Das schließt Menschen aus, die erst danach in mein Leben getreten sind – auch solche, die für mich gleichermaßen bedeutend oder sogar noch bedeutender sind als die im Text erwähnten.

Mein Bruder Sigurd wurde geboren, als ich fast zwölfeinhalb Jahre alt war. Sigurd nannte mich aus unerfindlichen Gründen zunächst »Oko«, danach ging er zu »Rüdi« über. Ich verbrachte gern und mit großer Freude sehr viel Zeit mit ihm (die Freude war etwas einseitig, wenn ich mich später bei seinen Hausaufgaben einmischte). Im Sommer 1965 lernte ich meine spätere Frau Ingrid Benn kennen; ab diesem Zeitpunkt musste Sigurd mich mit meiner Freundin teilen, wobei dieses Teilen im Laufe der Zeit naturgemäß immer ungleichgewichtiger wurde.

Ingrid und ich fühlten und fühlen uns reich beschenkt durch unsere Töchter Larissa, Lisa und Lydia und durch die Enkelkinder Lionel, Erik, Nils, Merle und Sven, die zum Glück dafür sorgen, dass unser Ruhestand nicht allzu ruhig verläuft.

»Und so habe ich doch gar keine Begabung für solche Art von Auftritten. Meine einzige Begabung, wenn man in meinem Fall überhaupt von Begabung sprechen kann, ist, dass ich unsere kleine Welt hier von Herzen liebe.«
Oscar Ekdahl (Allan Edwall) in »Fanny und Alexander«

Berlin, im Januar 2023

Vom selben Autor erschienen bei BoD die Kriminalromane

Auf den Tod versichert, 2014

Der tödliche Ruf, 2015

Zu viel der Toten, 2018